ナオキマンのヤバい日本の秘密

okiman Show

日本文芸社

の秘密とは？

はいみなさんこんにちは〜。

Naokiman Showのナオキマンです。

僕はYouTubeで、都市伝説や陰謀論、世界のミステリー、スピリチュアルについての動画を配信しているYouTuberです。

前書『ナオキマンのヤバい世界の秘密』では、世界各地にスポットを当ててみましたが、今回の舞台は……日本！

僕は『アメリカ生まれ、アメリカ育ちの日本人』という特殊な人生を歩んできたので、改めて日本人のアイデンティティについて勉強をしようと思いました。

そこで見えてきたものは、

真相が分からない日本のヤバいルーツ、神々の存在

昔話に隠されたメッセージ

現代の日本社会がどのように形成されたのか

そして、日本は今後どこへ向かうのか……

みなさんが見ているのは、世界のすべてではありません。多くの人

Introduction ヤバい日本

が当たり前だと感じているこの〝表《おもて》〟の世界は、〝裏〟の世界があることによって成り立ったのかもしれません。

さて、これからの社会はＡＩ化がさらに進んでいき、今まで常識だと思っていたことがガラリと変わります。

近い未来、私たちに問われるのは地位・名誉・容姿・お金・ＩＱ？

いいえ、みなさんの本質的な領域である、人格が問われる社会になるのです。

みなさんの中に自信をもって次のステージに行くことができる人は、どれぐらいいるのでしょうか。

世界（＝外）に目を向けて、答えを探し求めることも大切ですが、それを知った上で、自分たち（＝内）のアイデンティティを見直す。その力が、今後必要になってきます。

この本を読むことで、自らのルーツを見直し、自信をもって未来に進める手助けになれば嬉しいです。

それでは、ヤバい日本の秘密を一緒に読み解いていきましょう。

みなさん、それを知る準備はできていますか？

Naokiman Show

CONTENTS

ナオキマンの
ヤバい日本の秘密
Naokiman Show

Chapter ✦ 1 日本のヤバいルーツ

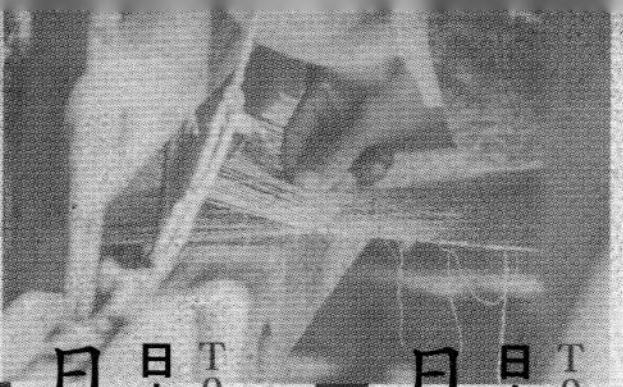

Chapter 2
日本のヤバい歴史

Chapter 3
日本に関わるヤバい人物たち

Chapter 4 日本のヤバい昔話

Chapter 5 日本のヤバい予言

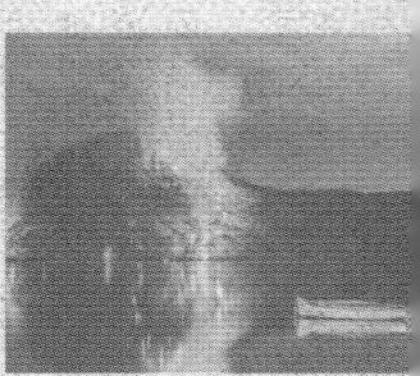

Chapter 6 AI化とヤバい日本の未来

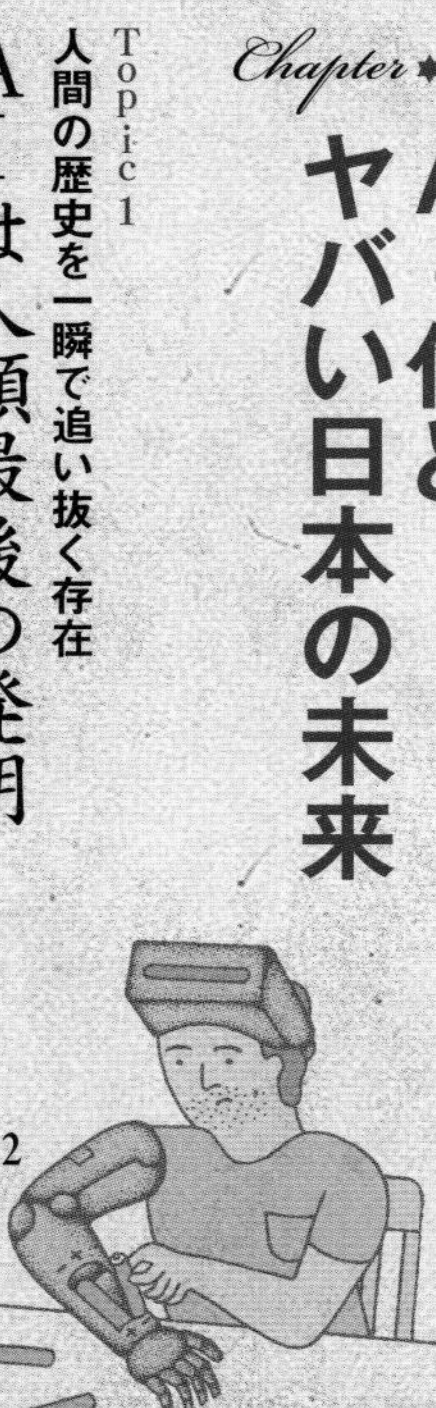

日本はヤバいことだらけ

そもそも、みなさんは**日本のことをどれぐらい知っているでしょうか？**

“常識”は自分の周りの環境によってつくられるものです。日本で生まれ、育ち、生活をしていると、日本独自の“常識”の中で暮らしていることになり、外から見たときの違和感にも気づけない人が多いかもしれません。みなさんが**“常識”というフィルターを通して見ているものが、すべてではない**ということなんです。もちろん僕もその内の一人です。

ヤバい日本の秘密を紹介する前に、いまみなさんが**どんな社会の中で、どんな意識をもって生活をしているのか？**

これからするお話を読みながら、自らを振り返ってみてください。

Prologue

Topic

日本人が知らない〝日本人〟

日本独自の違和感に気づいていますか?

いじめや引きこもり、自殺率の高さなどさまざまな問題を抱える日本。人と同じこと、多数派であることに安心する人々。異質なものを敵視し、出る杭を打つ社会のあり方は、本来日本人がもっていた性質ではない。日本人のルーツ、歩んできた歴史を知ることで、新時代の日本人の大いなる可能性が開かれる?

日本人に根づいた意識

高校卒業までアメリカで育った僕は、日本を外から見ていました。日本に来て実感したのは、**現代の日本人は、自分たちも気づかないうちに「日本にしかない常識」に縛られているということです。**「過労死」や「引きこもり」。これは日本独特の社会現象で、英語でもそのまま通じます。海外でワーカホリックが日本人の代名詞になっているように、朝起きて満員電車に乗り込み、夜遅くまで働く姿は、アメリカの社会を知る僕にとって不思議な光景でした。

ただ、日本人の性質がすべて悪いのかといえば、そんなことはありません。日本ほど清潔で、快適に暮らせて、おいしいご飯のコスパがいい国はどこにもありません。**いいところはいいところとして、おかしいところに気がつけるかどうかが**大切なのです。

多様性が進むほど排他的になる日本

僕は両親ともに日本人で、血も心も日本人。でも日本からは遠く離れたアメリカのシアトルという環境で育ったせいなのか、物心がついた頃から日本に憧れを抱いていました。テレビで見る日本の文化は刺激的で、制服姿に憧れて、カラオケ、アニメ、マンガが大好きで、いつか日本で暮らしてみたいと思い、高校を卒業すると同時に日本に来ました。

最初の2~3年は、めちゃくちゃ楽しかったです。日本は天国だと思いました。でも、**しばらくしてその刺激に慣れると、徐々に違和感を覚える出来事が増えていった**のです。

衝撃だったのが、大学で熱中症になった女の子に、誰も気がつかなかったこと。周りにたくさんの学生がいたにもかかわらず、教授が異変に気づくまで、廊下で横になっていたのです。別の日の授業中、教授が突然パニックになってしまったときも、助けに行ったのは、留学生のみで、日本人は呆然と見ているだけでした。

日本人は親切だし、助けに行く人ももちろんいるとは思いますが、特に東京の人は、他人との関わりを避ける傾向にあるように見えます。

日本は江戸時代に鎖国していた島国ということもあって、自分たちとは違う人に慣れていません。**グローバル化が進めば進むほど、自分たちの社会を守ろうとする気持ちが働き、排他的になる傾向がある**そうです。

ひたすら日本をディスっているようですが、人類はホモサピエンスとして誕生して以来、群れをつくり、集団生活の中で社会をつくり、道具や技術をうまく使って弱肉強食の世界を生き抜いて発達してきました。日本人の特徴は、よい面と悪い面、表裏一体なのかもしれません。

日本人が生き残るために

よくも悪くも「島国根性」「ガラパゴス文化」で生きてきた日本人ですが、これからは他の国の人たち、文化を無視して生きていくのは難しいでしょう。日本でもグローバル化は、すでに目に見える形でやってきているからです。

グローバル社会では、**他者の社会や文化を尊重することも重要ですが、自国の文化や社会、自分のルーツやアイデンティティもより大きな意味をもつ**ようになります。

日本人は、クリスマスにはケーキを食べて、お正月には神社やお寺に初詣に出かけ、バレンタインデーにはチョコレートを贈る民族です。クリスマスを祝うのはなぜなのか？　神社にお参りする理由、神社とお寺との違いを深く考えない人の方が多いのが実情です。

香港のデモや、トランプ大統領の政策など、海外の政治が日本にどんな影響を与えるのかについての報道は多くありますが、日本の話になると、政治家が起こしたスキャンダルや汚職、そしてそれよりも、有名人の不倫の話が多く取り上げられるようになります。

「日本人は政治に無関心」といわれていますが、なぜ無関心になったのか？　日本の政治はどういう歴史を経てつくられてきたのか？　そもそも日本という国はどうやってでき、どんな歴史を歩んできたのかを知ろうとする人はほとんどいないのではないでしょうか。

オリンピック・パラリンピックが開催される２０２０年は、世界中が日本に注目します。**日本は他国との戦争で勝利と敗北を経験し、唯一の戦争被爆国として、戦争の悲惨さ、平和の尊さを発信できる国**です。だからこそ、日本人は日本のことをもっと知る必要がある。知ることで、世界を変える可能性を秘めているのです。

ナオキマンが感じる
日本とアメリカの違い

	日本	アメリカ
人間関係	・窮屈な上下関係 ・ルールが多い ・人目を気にする	・いい意味で他人に興味がない ・自由度が高い ・みんな違う
社会	・出る杭は打たれやすい	・稼いだ人がえらい
性格	・人と違うことがいいづらい ・社会の風潮に流される ・NOがいえない	・困ったらすぐ助けてくれる ・ストレートに気持ちを伝えるが、ちょっと短気
都会	・自然が少なく、人口密度が高い	・自然が多く、人間の距離感が保たれている
いじめ	・外国人を排他する傾向	・差別問題がある
ニュース	・国際問題より芸能人の不倫	・銃社会、薬物、ホームレスなど、治安の悪さ ・格差社会
お菓子	・おいしいけれど売り場が小さく選択肢が少ない ・添加物が入ったものが多い	・売り場が大きくグルテンフリーなど選択肢が多い
店員	・最高のサービス。人間味のある交流は少ない	・よくも悪くも人間味がある

日米の違いは、あくまでも違い。どちらにも光と影がある。こうした違いは、外国生まれの国民が4440万人、全人口の13.6%を占めるアメリカと、外国生まれの国民が極端に少ない日本の成り立ちから来ている。明治になるまで鎖国をしていた日本と、19世紀に欧州移民を積極的に受け入れたアメリカ。多様性が両者の治安の差や格差の大きさにも影響を与えている。

ネット上では顕著なんですが、日本では誰かが問題や不祥事を起こすと、よってたかって叩く傾向にあります。この不寛容さは、世界でも日本特有です。これって、世論を誘導しやすいってことなので、情報操作するのが簡単なんですよね……。しかし、日本は財布やスマホを落としてもかなりの確率で返ってくる素晴らしい国。世論形成にもその清い心を活かしてほしいです。

なぜ地上に
人々が増えたのか？

いルーツ

『古事記』以前に
存在した文明

その大きさは144cm！

日本の秘密結社の正体

Chapter 1

日本のヤバ

世界を闇に包んだ兄弟喧嘩

光を取り戻した3つのアイテムとは!?

石川県立美術館蔵

Topic 1

イザナミとイザナギ

日本を造った夫婦の神々

日本の国土をつくったとされるイザナギとイザナミは、男女一組の「双神《ならびかみ》」。まさに現在の日本の直接の創造主、日本最初の父と母ともいえる二柱《ふたはしら》は、「誘《いざな》う男」「誘《いざな》う女」という意味深な名前をもつ。イザナギとイザナミの結婚＝国生みによって日本の国土と、そこに住まう大小さまざまな神々が生まれた。

この世界に現れた神々

そもそも日本の神話は、天と地が開かれて神々が誕生するシーンから始まります。この世界にまず登場したのが、アメノミナカヌシノカミ（天之御中主神）。次いでタカミムスビノカミ（高御産巣日神）とカミムスビノカミ（神産巣日神）が現れます。ここまでの神々は、万物を創造する「造化《ぞうか》の三神《さんしん》」というんですね。そのあとに生まれたウマシアシカビヒコジ（宇摩志阿斯訶備比古遅神）、そしてアメノトコタチ（天之常立神）を合わせて、五柱《いつはしら》と呼ばれています。のちに続く**神代七代《かみよななよ》を経て、世界がさらに実体化していきます。**

神代七代の一代、二代は、「独神《ひとりがみ》」と呼ばれる性別を超越した存在でした。しかし三代からは、男女一対の姿《すがた》で生まれてきます。そして、**七代に誕生したのが、ある使命を帯びたイザナギノミコト（伊耶那岐命）とイザナミノミコト（伊耶那美命）**でした。

動画をチェック！

海をかき回して生まれた日本

先に生まれた神々たちに**「お前らちょっと国でもつくれ」といわれたイザナミとイザナギは、天沼矛《あめのぬぼこ》を授けられます。**さすがにここまで軽い感じでいわれたわけじゃないと思いますが、国づくりに矛を渡されても困りますよね。

はじめは戸惑ったイザナミとイザナギでしたが、**その矛で下界の海をかき回し、島をつくることに成功しました。そこでできた島が、淤能碁呂《オノゴロ》**島《しま》と呼ばれる島でした。

淤能碁呂島に降り立ったイザナギとイザナミは、神々と交信するための天之御柱《あまのみはしら》と八尋殿《やひろどの》という神殿を建てます。「国生み」に取り組んだイザナギとイザナミは、お互いの体に足りないもの、余分なものがあることに気がつきます。

これを補完するために天之御柱《あめのみはしら》を回り、再び出会う結婚の儀式を行いますが、なぜかこれが失敗続き。原因は女性であるイザナミが先に声をかけてしまったためでした。女性からのプロポーズもいいと思いますが、ちょっと時代が早すぎたのかもしれません。

その後、2人は無事に結婚。これによって、はじめに淡路島、次に四国、九州、佐渡や本州などの八つの島、私たちの知る日本列島が誕生するのです。

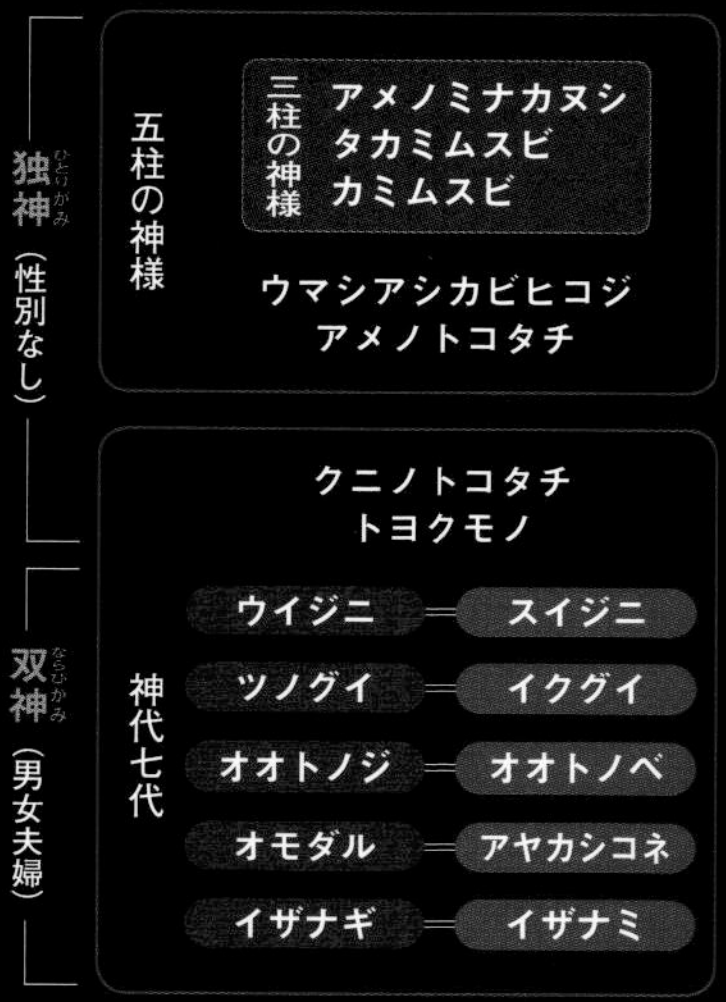

最初に登場した三柱《みはしら》は万物を創造する造化三神と呼ばれる。神々の系譜は上図にあるが、五柱までは「別天津神《ことあまつかみ》」、それ以降の神々は「神代七代」に分類される。

ヤバい秘密

地上の人々はなぜ増え続けたのか？

黄泉《よみ》の国で約束した生命の取引

死者の世界で巻き起こった イザナギとイザナミの大喧嘩

「国生み」によって日本の国土を創造したイザナギとイザナミは、今度はそこに住まう神々を生むことにしました。石と土の神、石と砂の神、門の神、屋根の神、建物の神、風の神、海の神など次々に神を生んでいきましたが、火の神であるカグツチ（火之迦具《ひのかぐ》土神《つちのかみ》）を生んだイザナミが大やけどを負い、なんと自らの命を落としてしまうのです。

　ここからはかなりの〝うつ展開〟です。**イザナギは、イザナミの命を奪ったカグツチに激怒し、十拳剣《とつかのつるぎ》という剣で首を切り落として殺してしまう**のです。

　イザナミを失ったイザナギの悲しみは深く、イザナミに会いたい一心で黄泉の国、すなわち死者の世界へと足を踏み入れてしまいます。

　黄泉の国にいたイザナミは、イザナギの来訪を喜ぶどころか、これ以上の立ち入りを禁じ、決して自分の姿を見ないように、と告げます。

　しかし、この忠告を守らなかったイザナギは、腐りかけてウジ虫だらけの醜いイザナミの姿を目にすることになるのです。イザナミは自分に恥をかかせたイザナギに怒り、黄泉の国の悪霊たちに追わせます。愛する人の死から始まった物語は、ファンタジーからホラー要素、ゾンビ映画要素を盛り込みつつ、クライマックスではアクションシーンの連続になります。

迫り来る黄泉醜女《よもつしこめ》（黄泉の鬼女《きじょ》）を振り切り、十拳剣を手に雷神と1500の軍勢を追い払って、元いた世界へと急ぐイザナギ。変わり果てた姿で追いかけてくるイザナミから必死の思いで逃げ切ると、黄泉の国との間にある黄泉比良《よもつひら》坂《さか》を、千人がかりで引かないと動かない「千引《ちびき》の石《いわ》」で塞いだのです。

イザナギが塞いだ黄泉国の出入口、黄泉比良坂は現在の島根県松江市東出雲町に実在する伊賦夜坂《いふやざか》とされ、塞《さい》の神に小石を積んでから通る風習が残る。

地上の人々が生まれ、死にゆくサイクル

命からがら逃げ帰ったイザナギですが、怒りの収まらないイザナミは、千引の石を挟んでもなお、大声で呪いの言葉を続けます。**「あなたの国の人間を毎日1000人殺し続ける」。イザナギは、「それなら私は毎日1500人の子どもが生まれるようにする」と返しました。**この逸話から、地上の人間は毎日500人ずつ増え、人口が増えていくことになったといわれています。

なんだかイザナミがかわいそうな気がしますが、のちにイザナミは黄泉の国で主宰神《しゅさいしん》となり、黄泉津大神《よもつおおかみ》と呼ばれるようになりました。

イザナミとイザナギの壮絶な夫婦喧嘩（?）が、人が生まれて死ぬメカニズム、生死の円環をつくったというお話でした。

ヤバい秘密

存在不明の超古代文明

DNAの構造はイザナミとイザナギがつくりだした⁉

『古事記』成立より前に存在したかもしれない歴史書

日本最初にして最古の歴史書は、『古事記』と『日本書紀』。教科書で習う常識です。しかしそのはるか昔、超古代文字で書かれた歴史書があったとしたら……。

この常識を覆すかもしれないのが、古代の歴史書『ホツマツタヱ』の存在。**縄文時代末期の紀元前200〜300年頃に成立したという説があるホツマツタヱ。**ヲシテ文字という超古代文字で約1万行にわたって、日本の歴史が記されているのだそうです。わかりやすくたとえると、『ワンピース』の〝ポーネグリフ〟のように、超古代文字で記された歴史書というわけです。

日本の文字の歴史は、4世紀〜5世紀にかけて中国大陸から伝わってきた漢字がはじまりで、7世紀頃には万葉仮名が生まれ、平安時代にひらがな・カタカナが生まれたというのが通説です。しかし、それ以前に日本独自の文字があったとしても不思議はありません。

ホツマツタヱは歴史学会では否定されることも多いのですが、**日本の風習や習慣といった、古事記などでは語られていない側面が取り上げられている**ということもあり、非常に興味深いものがあります。

DNAとアワのうたの共通点

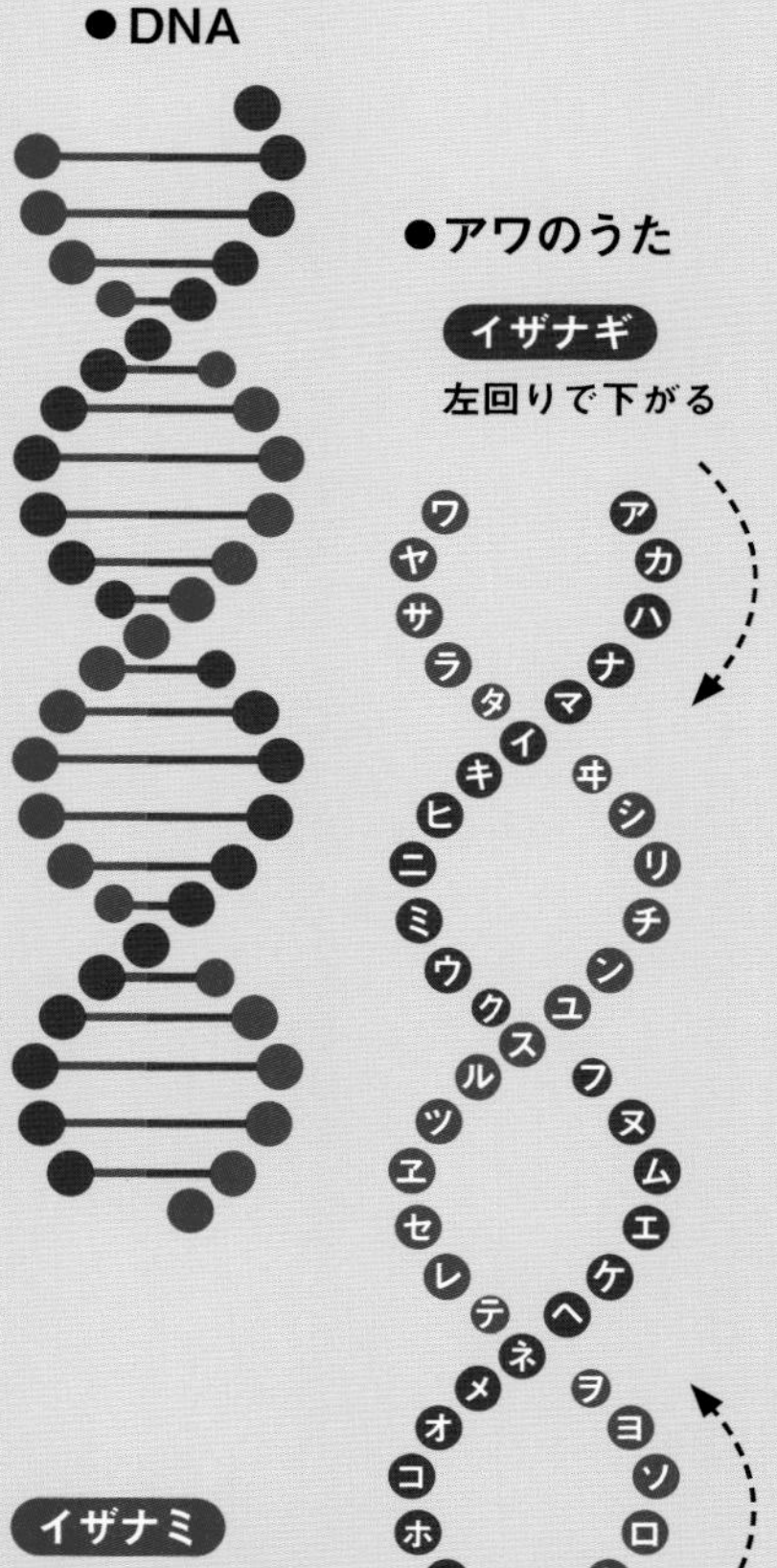

『ホツマツタヱ』の中にある『アワのうた』は、父の言葉「あ」に続く23の言葉と、母を示す「わ」に繋がる23の言葉を結びつけている。父は反時計回りに天之御柱を回ったイザナギ、母は時計回りのイザナミを表しているとされ、これが男女23本ずつ、46本の染色体＝生命の誕生を歌っていると考えられている。アワのうたは歌うとなぜか元気が出る不思議な歌といわれているが、DNAの螺旋《らせん》構造を示しているのだとしたら驚きだ。

ヲシテ文字

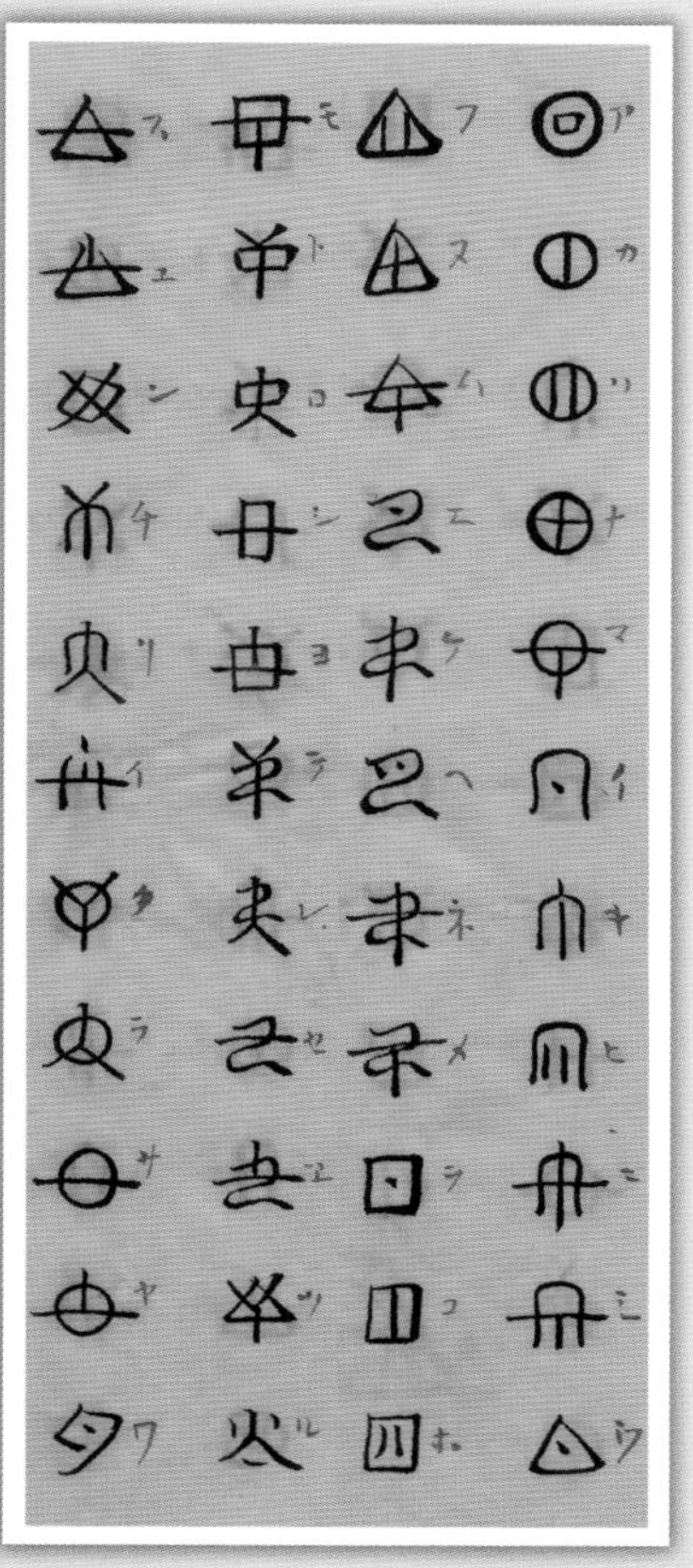

国立公文書館所蔵

ヲシテ文字は子音《しいん》をあらわす部分と、母音《ぼいん》をあらわす部分の組み合わせで構成されている。基本はあいうえおの母音5音と、あかはなまたらさやわの子音10音の48文字。これが本当に日本に古くから存在する超古代文字だとしたら、日本の歴史が変わる可能性がある。

Topic 2

天照大御神《あまてらすおおみかみ》

日本における太陽神ともいえるアマテラスが洞窟にこもったことで、世界は闇に閉ざされた。神々の機転により、アマテラスは外に出てくることになるのだが、天岩戸に似た神話は、中国のミャオ族、プラーン族、ペー族をはじめ、トルコ、インドネシアやタイ、モンゴル、サハリンなどアジアを中心に広く存在している。

イザナギの禊《みそぎ》で産まれた神々

イザナギは黄泉の国から帰還しましたが、**「穢《けが》れを落として身を清めよう」ということで、〝禊《みそぎ》〟を行います。**いまでも、罪や穢れを洗い清めることを禊っていいますよね。イザナギが黄泉の国の穢れを清めたのが、日本で初めての禊です。ちなみにイザナギが黄泉の国から帰ったことを「黄泉帰り」といい、転じて、死者が現世に戻ることを「蘇《よみがえ》り・甦《よみがえ》り」というようになったといわれています。

体を洗い清める禊の過程でも、イザナギは数々の神々を生みました。中でも**生命力に溢れた神が、イザナギが最後に顔を洗った際に生まれたアマテラス（天照大御神《あまてらすおおみかみ》）、ツクヨミ（月読命《つくよみのみこと》）、スサノオ（建速須佐之男命《たけはやすさのおのみこと》）**の三柱でした。イザナギは、アマテラスには天界である高天原を支配するように、ツクヨミには夜の国を治めるように、スサノオには海原を治めるように命じたのです。

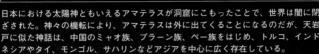

世界を闇に包んだ大喧嘩

イザナギの子どもである三柱。アマテラスはすべての光を平等に注ぎ、ツクヨミは月の満ち欠けで静けさと安らぎを与えるなど、それぞれ役割を果たしているように見えました。しかし、海原を任された**スサノオは、母に会いたいと泣いてばかりで、役割を怠けていたんですね。**

その影響で海原は荒れ、国は荒廃。怒ったイザナギに、海原の国から追放されたスサノオは、姉であるアマテラスがいる高天原に向かい、母のいる黄泉の国へ行きたいと訴えます。

しかし、ここでも乱暴な行動を取った**スサノオは、高天原にいた女神を死なせてしまいます。アマテラスは怒りと失望から、天岩戸《あまのいわと》という洞窟の中に隠れてしまいました。**光を司る天界の主《あるじ》が隠れてしまった結果、高天原や地上の世界である葦原《あしはら》の中国《なかつくに》は**闇に包まれ、たくさんの災いが起きてしまいます。**

この逸話は、太陽が月に隠され太陽の光が欠けたり、まったく届かなくなる皆既日食を表すという説もあります。天岩戸の逸話が生まれた時期と、実際に起きた皆既日食を照合しようとする研究もあり、この説はかなり有力。その結果、アマテラスが卑弥呼と同一人物、もしくは同時代に生きていたという説も生まれています。

いずれにしても日食なのか、長雨などの天候不良なのか……。スサノオとの兄弟喧嘩の末に起きたアマテラスの引きこもりは、気象現象と関係がありそうです。

天岩戸は、天界である高天原にあるが、天岩戸とされる場所は日本全国にたくさんある。なかでも天岩戸神社がある宮崎県西臼杵郡高千穂町大字岩戸の周辺には天安《あまのやす》河原《かわら》など、神話にまつわる地名が多い。

ヤバい

秘密

アマテラスを洞窟から引きずり出せたのはなぜ？

光を取り戻したアイテム

勾玉《まがたま》をつけた女神のダンスと外の様子を見るための鏡

アマテラスが天岩戸にこもってしまったことに困り果てた八百万《やおよろず》の神々は、集まって知恵を絞りました。知恵の神、オモイカネ（思金神《おもいかねのかみ》）が思いついた妙案は、盛大な祭りを開くこと。この祭りのために、**鏡職人のイシコリドメ（伊《い》斯許理度売命《しこりどめのみこと》）の手による八咫鏡《やたのかがみ》、珠造《たまつこ》職人のタマノオヤ（玉祖命《たまのおやのみこと》）がつくった八尺瓊勾玉《やさかにのまがたま》が**製造されました。この二つは、歴代天皇に受け継がれているといわれる「三種の神器」。八尺瓊勾玉は皇居、八咫鏡は伊勢神宮に納められているとされますが、いずれも天皇でさえも見ることのできない神秘の宝物です。

凝りに凝った祭りは、当然パフォーマーにも最高のキャスティングをします。芸能の女神・アメノウズメ（天宇受賣命《あめのうずめのみこと》）が、胸がはだけたまま妖艶なダンスを見せます。古事記の中でも、かなり過激な描写が見られるダンスで盛り上がりは最高潮になり、神々の笑い声が気になったアマテラスが、ついに岩戸を少し開けます。

神々はかねてからの作戦通り、**岩戸の外からアマテラスを八咫鏡に写し、自分と同じ光の神が外にいると勘違いさせて、洞窟から引き出す**ことに成功。世界に光が戻ったのです。

令和の即位の礼でも話題の「三種の神器」は、八咫鏡、八尺瓊勾玉、天叢雲剣の三つを指し、それぞれ伊勢神宮、皇居、熱田神宮に奉納されているといわれる。天皇でさえ現物を目にすることがなく、即位の礼でも「形代《かたしろ》」と呼ばれるレプリカで儀式を行われた。

自分の持っていた剣でヤマタノオロチを倒したスサノオは、尾から飛び出す光るものに気がつく。ここで出てきた天叢雲剣をアマテラスに献上したのだが、これが三種の神器の一つ、またの名を「草薙剣《くさなぎのつるぎ》」となり、現在は熱田神宮に祀られているといわれている。

倒した大蛇《だいじゃ》から出てきた剣

アマテラス復帰後、闇の世界の原因をつくったスサノオは、罰として高天原から追放されます。自業自得とはいえ失意の中、出雲の国に降り立ちます。ここでも多くの「どうなの？」という行動をしてしまうスサノオですが、運命を変える出来事が待ち受けていたんですね。

この地では、**ヤマタノオロチという8つの頭と8つの尾をもつ大蛇が毎年、老夫婦の娘を食べてしまう**というのです。娘を嫁にくれるのならというスサノオらしい条件のもと、老夫婦の最後の娘、**クシナダヒメ（櫛名田比売）を守り、ヤマタノオロチを退治することを約束**します。

スサノオは八つの酒樽を準備し、ベロベロに酔わせた状態で戦う作戦で挑み、勝利しました。このとき**ヤマタノオロチの体から出てきたのが、三種の神器の残りの一つ、天叢雲剣《あめのむらくものつるぎ》**です。

ヤバい秘密

勝負の結果が変わっていたら今の日本はなかった⁉

日本の運命を決めた戦い

周りの神々に翻弄された報われない英雄

スサノオの6代あとで直系の子孫に、オオクニヌシ（大国主神《おおくにぬしのかみ》）という英雄が生まれます。オオクニヌシには、八十神《やそがみ》というたくさんの兄弟神がいました。

しかし、**八十神は美しいと評判のヤカミヒメ（八上比売）に求婚するために、それぞれの国をオオクニヌシに託して旅立ってしまいます。**

ヤカミヒメの住む因幡《いなば》に向かった八十神たちを従者として追いかけたオオクニヌシは、道中に、毛が全くないウサギが泣いているのを発見します。八十神たちは困っているウサギに適当なアドバイスを送り、足早に去って行きましたが、オオクニヌシは、傷を癒して毛を元に戻す方法を親切に教えてあげました。素晴らしい。そこでウサギは、**「ヤカミヒメと結婚するのはオオクニヌシだ」という予言をします。**このくだりが有名な『因幡の白兎』なのですが……。ウサギの予言通りになったことで、**八十神たちは怒り狂い、オオクニヌシを殺してしまいます。**

母であるサシクニワカヒメ（刺国若比売）や造化三神の一柱であるカミムスビなどの助けを借りて、何度殺されても蘇ったオオクニヌシは、先祖にして父神であるスサノオのもとへ身を寄せます。ヤカミヒメとすでに結ばれていたオオクニヌシですが、スサノオの娘、スセリビメ（須勢理毘売）とも結婚。これに、昔は自分もやりたい放題だったスサノオが激怒。オオクニヌシを殺そうとします。しかし、**スサノオの試練をすべて乗り越えたオオクニヌシは、スサノオに認められ、国を治める役割を託されます。**

豊かな土地を治めることになったオオクニヌシですが、高天原のアマテラスが「待った」をかけ、交渉役としてさまざまな神を送ります。しかし、オオクニヌシは自らの国土を守りつつ、**争いではなく話し合いでアマテラスに国を譲る道を選んだのです。**

二人の息子の降伏後、オオクニヌシは戦わずして国を譲り、そのかわりに太い柱をもつ巨大な御殿をリクエスト。これが出雲大社となった。

姉妹を離した代償

「国譲り」を経て、アマテラスは、自分の子孫であるニニギ（瓊瓊芸命《ににぎのみこと》）に三種の神器を授け、地上へと送り出します。現在の宮崎県、高千穂の峰に降り立ったニニギは、コノハナノサクヤヒメ（木花佐久夜毘売）という美しい女性に結婚を申し込みます。サクヤヒメの父は、姉であるイワナガヒメ（石長比売）も一緒に嫁にもらうことを条件に結婚を許します。一度は承諾しますが、姉のイワナガヒメは醜かったため、すぐに実家に戻したそうです。ひどい話ですよね。

実は、〝岩のように永遠に不滅〟という意味をもち、永遠の命の象徴であるイワナガヒメ。美しい花を咲かせるサクヤヒメと離ればなれになってしまったことで、ニニギとその子孫は、寿命を縮めてしまいます。神であるはずの天皇に寿命があるのは、このためというわけです。

Topic
3

神武天皇《じんむ》

126代続く天皇制の初代は神々の子孫!?

アマテラス ← アメノオシホミミ ← ニニギ ← ホオリ ← ウガヤフキアエズ ← カムヤマトイワレビコ

神武天皇は5代さかのぼればアマテラスにたどり着く、神の血を引く血統とされている。自身も神話と史実の狭間を生きているような人物で、高千穂から世界の中心を目指して東に進み、大和を治めた。ここから歴史の記録にも史実として遺されている大和政権がスタート。同時に現在まで126代続くとされる天皇制が始まることとなった。

ニニギとサクヤヒメの子孫

平成から令和へと元号が変わり、皇位継承式が行われたことで、天皇の存在が改めて注目を集めました。126代続くとされる天皇家の初代といえば、神武天皇。実はこの神武天皇こそ、**アマテラスの命を受け、地上に降り立ったニニギとサクヤヒメの間に生まれた子どもの子孫**なのです。

アマテラスから数えて5世あとの子孫となる神武天皇は、現在の奈良県に当たる畝傍橿原宮《うねびのかしはらのみや》に都を構え、日本を平定します。当時の日本がどのくらいの範囲を指したのか、神武天皇がどんな業績を残したのかははっきりとはわかりませんが、神武天皇の登場で**神々の時代が終わり、「神話から伝説」くらいには史実との関連性が高くなります**。神武天皇が即位したのは紀元前660年2月11日。2月11日が建国記念なのは、神武天皇の即位日にちなんでのことです。

美しい地を目指し大和国へ

ウガヤフキアエズ（鸕鷀草葺不合尊《うがやふきあえずのみこと》）とタマヨリヒメ（玉依毘売）の四男、ワカミケ（若御毛沼尊《わかみけぬのみこと》）として生まれた神武天皇。高千穂から東を目指す、**神武東征と呼ばれる進軍を始めたのは、ワカミケが45歳のときでした。**

兄のイツセ（五瀬命《いつせのみこと》）とともに、宮崎県に当たる日向《ひゅうが》から大分の宇佐、筑紫の岡水門《おかのみなと》、広島の埃宮《えのみや》から、現在の岡山県・吉備を経て、大阪に当たる難波の碕《さき》に入ります。快進撃を続けるワカミケとイツセでしたが、白肩津《しらかたのつ》では最大の難敵・長髄彦《ながすねひこ》の抵抗によって、イツセが矢傷を負い戦死。世界の中心とされる**中洲入りを目前に足踏みを余儀なくされました。**

しかし、昇る太陽に向かって矢を向ける、すなわち**西から東に入る東征を諦め、東から西へ向かうルートを探します。**自分は太陽神であるアマテラスの子孫、大和の平定には神である先祖の意向も重要だということなんでしょうね。

結局、三重・和歌山県に当たる熊野に海路で入り、山越えに成功。アマテラスが遣わせたタケミカヅチ（建御雷神《たけみかづちのかみ》）の助力もあって**中洲を平定し、6年にわたった神武東征は成功**のうちに幕を閉じました。そして、初代天皇に即位した神武天皇は、畝傍橿原宮に都を置いたのです。

世界の中心で美しい地とされていた中洲と大和を手中にした神武天皇は、この地で新たに３人の子どもを得て１３７歳で崩御したとされています。

神から天皇へとバトンが渡った神武天皇の時代ですが、東征開始時にすでに45歳だったこと、１３７歳まで生きていることなどから、複数人の伝承を繋ぎ合わせた架空の人物説もあります。しかし、日本の歴史を切り開いた伝説の登場人物であることには間違いないようです。

ヤバい秘密

日本最古の歴史書『古事記』の謎

日本のシンボルがことごとく登場しない!?

日本人がなぜか知らない『古事記』の不思議

ここまでお話しした神話や伝説は、日本最古の書物として知られる『古事記』をもとにしています。もちろん、現在知られている中で最古という話なので、もしかしたら超古代文字で記されたとされる『ホツマツタヱ』のような書物があるかもしれませんが、日本の超古代文明の詳しい話は、またの機会に話すとしましょう。

さて、みなさんは古事記についてどれくらい知っていますか？　この国をつくり上げてきた大事なお話なのに、ほとんどの人はその内容を知らずに生きてきたのではないでしょうか。

古事記は**７１２年、第40代天皇である天武天皇の命《めい》によって誕生**します。古今東西の神話伝説に通じた稗田阿礼《ひえだのあれ》が語り、太安万侶《おおのやすまろ》が書き起こして本にまとめる、というスタイルでつくられたのですが、長らく宮中の秘とされました。中国の歴史書にのっとって、早くから知られていた『日本書紀』との比較で、ミステリアスな雰囲気を醸し出していますよね。

残念ながら**原本は消失していて、大須観音にある真福寺本が最古の写本**だとされています。江戸時代に、国文学者の本居宣長が『古事記伝』という全44巻の註釈書《ちゅうしゃくしょ》を完成させ、それ以降は、この記伝を元にした読解が主流となりました。

現在、古事記は「成立の経緯と作者を丸暗記して終わり～～」という人も多いですが、**戦前までは広く読まれ、神々から天皇の時代が続いていることは誰もが知っている常識**でした。それが変化したのが、戦後。日本が２０００年以上続く、歴史のある誇らしい国だという教えが、**戦時教育が基づいていた「皇国史観」として、教育の現場から抹消された**のが原因といわれています。

平成から令和への改元が記憶に新しいが、日本には和暦と西暦の他にもう一つ元号があった。神武天皇の即位年を元年とする皇紀は、第二次世界大戦後に廃止されるまで普通に使われていた。2020年は皇紀2680年となる。
神宮徴古館所蔵

『古事記』に登場しない日本のシンボル

神武天皇が目指した中洲には、大和政権が支配する前から土着の豪族と、それぞれの神々がいました。しかし古事記には、**勝者である神武天皇と、先祖のアマテラスをはじめとする、神々の歴史しか書かれていません**。この時代は九州から関西地方が世界のすべてなので仕方ないとしても、第12代景行天皇の皇子であるヤマトタケル（日本武尊《やまとたけるのみこと》）の東国征討でも、日本のシンボルともいえる富士山すら登場しません。

歴史的な事実でいえば、大陸と交流があり、記録にも残っている邪馬台国も出てきません。

日本最古の歴史書である古事記を知ることは大切ですが、**天皇制を維持するために不都合だった事実を隠されたり、支配者層に葬られた歴史が**あることを知っておくべきでしょう。

八咫烏《やたがらす》

この絵は、八咫烏が神武天皇の道案内をしたときの様子を描いたもの。古事記によると八咫烏は天から遣わされた。八咫烏の導きがあったからこそ、一敗地にまみれた神武天皇は熊野の山道を越え、吉野川を渡って大和に東から入るという起死回生の作戦を成功させることができた。

神武天皇をサポートした陰の立役者

都市伝説の世界ではフリーメイソン、イルミナティ、その他、いろいろな秘密の組織があります。みなさんも秘密結社好きですよね。**実は日本にも、古代から続く秘密結社が存在する**といわれています。その名は『八咫烏』。三本足のカラス、といえばピンとくる人もいるかもしれません。この八咫烏、神武天皇の東征の際に、熊野の山越えの道案内をした大和政権成立の立役者として、神話にも登場するんです。時の権力者の政権奪取の道案内とは、これまた意味深ですよね。

八咫烏は古くから**神道や陰陽道、宮中祭祀を取り仕切り、必要なときに日本を裏からサポートする秘密結社**とされていて、八咫烏の最高位である3人の大烏は裏天皇と呼ばれているのだとか。大烏の下には、12人の十二烏、その下には70人の烏天狗がいるそうです。

動画をチェック！

シンボルに用いられる八咫烏

八咫烏のシンボルで有名なのが、日本サッカー協会のシンボル。明治時代に日本にサッカーを初めて紹介した中村覚之助が熊野三山を祀る和歌山県生まれだったからともいわれる。大日本帝国時代から軍事方面のシンボルとしても多用され、支那事変従軍記章、帝国軍人後援会の会章などにも用いられた。陸上自衛隊中央情報隊や中部方面情報隊は、現在も八咫烏をモチーフとするシンボルマークを使用している。

八咫烏の大きさ

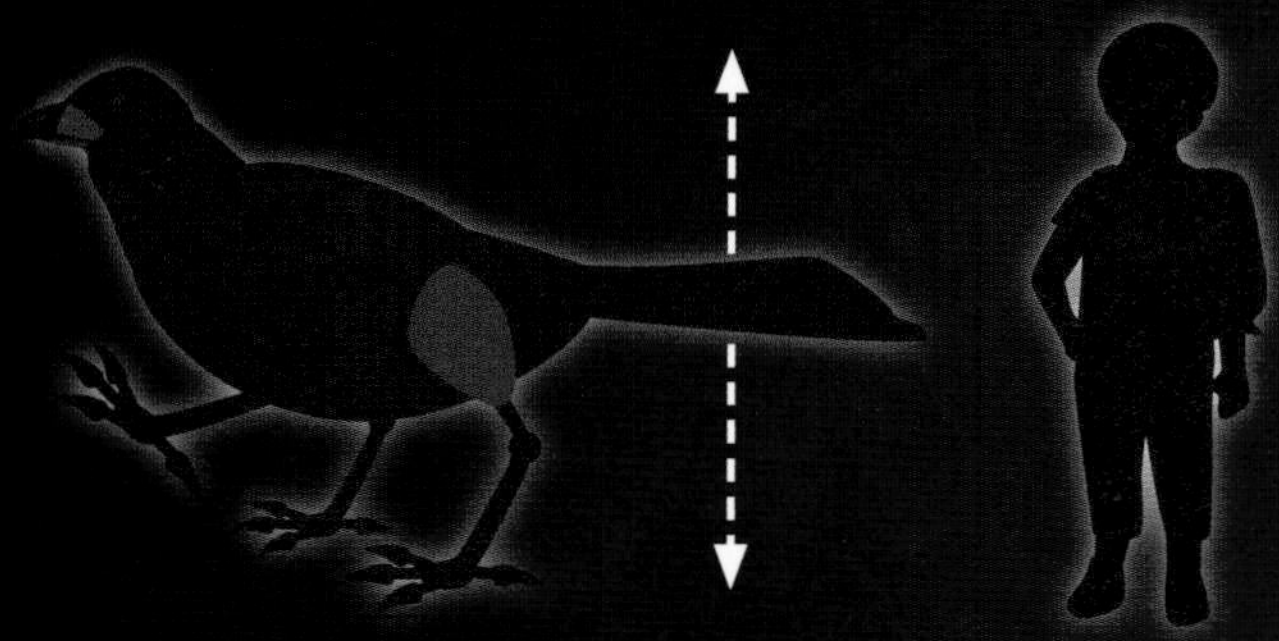

●八咫烏　　●小学5年生（平均身長）

八咫は「大きくて長い」という意味だが、「咫《あた》」は中国の古い長さの単位でもある。一咫《ひとあた》は親指と中指を広げた長さといわれていて、これが約18cm。つまり八咫《はちあた》は約144センチとなる。これは、小学5年生の平均身長とほぼ同じだというから、八咫烏はゴミ捨て場には似つかわしくないほど、巨大なカラスということになる。気づいた人もいるかもしれないが、一咫の示す「18」、都市伝説でよく耳にする数字でもあるのは、何かの偶然だろうか。

ヤバい

秘密

世の中は二元性で廻っている……

目に見えない「陰」を支える組織

神事や催事に関わっている？

日本最古にして最強の秘密結社、八咫烏はなぜ生まれたのか？　その謎を解く鍵は、日本の神話と大きく関係しているといわれています。この時代、**日本ではもともと日本にいた物部《もののべ》氏グループと、あとから入ってきた秦《はた》氏グループが争っていました。**物部氏グループは、神話でのオオクニヌシの系譜、一方の秦氏グループはアマテラスに連なる天孫の系譜です。

古事記にもある、オオクニヌシの「国譲り」によって、日本の中央政権の支配は、オオクニヌシから天皇に繋がる天孫たちへと譲渡されました。このときに、無血開城ともいえる手法で**平和裏に国を譲ったオオクニヌシの一派が、裏から日本を支えるために、秘密結社・八咫烏の原型をつくった**という説があるのです。

八咫烏が神道や陰陽道などを通じて、活動を行う役割を担ったと考えれば、オオクニヌシが国譲りの条件に出雲大社の建立を要求したのも納得できます。

中国の易学には、この世の中のあらゆるものには二元性があり、陰と陽、二つの相反する気が世界の万物、宇宙の法則を支えているという考えがあります。天皇家が築いてきた目に見えるもの、記録に残された歴史が表なら、八咫烏の歴史はまさに裏。裏とはいえ、必ずしも悪というわけではないですし、**天皇家と表裏一体になって日本の歴史をつくり、陰で支えてきた**八咫烏という組織、存在があったとしても、なんら不思議はありません。

八咫烏の創設時期は不明ですが、少なくとも推古天皇の時代かそれ以前には、秘密結社としての活動を行っていたという説もあります。

八咫烏は、どういった活動をしているのか？

八咫烏の本拠地と噂されているのが、京都の太秦にある木嶋《このしま》坐《にます》天照《あまてる》御《み》魂《たま》神社。創建は不詳だが、推古天皇の時代に建立されたとする説もある。決定的なのは境内にある三本足の鳥居。この鳥居の起源は不明。

その詳細は謎に包まれていますが、今では形式的な儀式だと思われている神事や祭事を通じて、ときどきの天皇や日本の権力者を支えてきたといわれています。

“3”があらわす意味

八咫烏の他にもエジプトの壁画、中国の神話など、「3本足の鳥」は世界中の神話に登場します。ギリシャ神話における太陽神・アポロンの遣いはそのものズバリ、3本足のカラスです。

八咫烏の足が3本である理由は、一体何なのでしょう？ **八咫烏の足はそれぞれ天、地、人を表している**といわれています。天にいる神も、自然も、人も、みな太陽の申し子だという意味だそうです。これは、父なる神とその子、聖霊が一体であるという、**キリスト教の三位一体の教えに似ています**。キリスト教やその原型となるユダヤ教と、日本に古くからある八咫烏をはじめとする神話との関連性が偶然ではないことはのちに詳しく説明しますが、八咫烏の3本足が、日本の神話や歴史に隠された何らかの謎と関係していたとしても不思議はありません。

Chapter 1

まとめ

みんなが日本のルーツである『日本神話』を知らないのは誰かの思惑かもしれません

ゲームやマンガなどで、ギリシア神話やローマ神話を知っている人は多いと思います。では、日本の神話についてはどれだけ知っているでしょう？

日本の学校では、日本神話をほとんど学びません。『古事記』や『日本書紀』の成立年や、天武天皇の命令で編纂されたことは歴史の教科書で学んだかもしれません。でも、この二つの書物に何が書かれているのかについて、深く学ぶ機会はなかったのではないでしょうか。

日本神話を読んでみると、日本をつくった神々は、それぞれにキャラ立ちしていて、変化に富んだストーリーもドラマチックで、めちゃめちゃ面白いんですよね。

さらにすごいのは、**日本神話に縁のある場所が、今も日本各地に残されていること**です。イザナギとイザナミが矛で最初につくった日本のはじまりの地、淤能碁呂島《オノゴロしま》も、淡路島周辺には、ここがそうだという場所がいくつもあります。僕も有力候補の一つ、絵島《えじま》に行きましたが、「ここから日本がは

じまったのか～」と思うと、神妙な気持ちになりました。本当の意味での〝聖地巡礼〟ですね。

アマテラスやスサノオの物語で登場した「三種の神器」も、当時から同じものが伝えられているかどうかはわかりませんが、天皇家のもっとも重要な宝として奉られています。その**三種の神器を受け継ぐ天皇家**は、神武天皇以来１２５代、２６００年以上も続いているとされる「世界最古の国家」に欠かせない存在です。

たしかに『古事記』『日本書紀』に登場する神々や〝人代期〟と呼ばれる時代の天皇は実在性が曖昧なのかもしれません。でも物語の元となる事実、伝説になるような出来事がまったくなかったとするのは無理がありますよね。遺跡の発掘などで今よりもっと縄文時代、弥生時代のことがわかるようになれば、神話と歴史が一体になることだってあり得ます。超古代文明の存在を記した『ホツマツタヱ』が、『古事記』に代わって日本最古の歴史書になる可能性だってゼロではないわけです。

明治や大正、昭和の前半まで日本人にとって身近な存在だった日本神話。戦後、ＧＨＱが日本人の**天皇や国に対する忠誠心を恐れ、天皇の神性を薄め、神道の影響力を削ぐための政策**を採ったことで、「日本人からも忘れられた物語」になってしまったのです。

古今東西、歴史は勝者によって描かれ、つくられてきました。日本神話が大和《やまと》政権に連なる歴史だけを取り上げ、そのほかの敵対勢力の存在が闇に葬られたように、日本人のルーツにつながる物語も忘れ去られる。これって実は怖いことだと思いませんか？

失われた
10支族と秦氏の
関係性とは!?

ユダヤの国に存在した
“三種の神器”

ヤバい歴史

出会った人の人生を変える

契約の箱の現在地

Chapter 2

日本の

日本人が受け継ぐ

「D」の意志

Topic 1

日本人とアジア人は決定的に違う⁉

日本人が歩んだ3つのルート

日本列島に人類がやってきたルートとして知られているのが、朝鮮半島から対馬に入ってきた「対馬ルート」、シベリアからサハリンを経由した「北海道ルート」、琉球列島伝いの「沖縄ルート」の３ルート。日本人はどこからやって来たのか？　現代の日本人に繋がる人類についての研究が進み、新たな事実が次々と判明している。

謎に包まれた日本人のルーツ

人類の直接の祖先は、約20万年前にアフリカで誕生し、そこから世界中に散らばったと考えられています。日本人もアフリカからさまざまな土地を経て、日本列島にたどり着きました。でも、彼らがいつ、どこから来たのかについては、実は謎に包まれています。

現在の研究では、**人類は約10万年前から3万5千年前までの間に複数のルートで日本に入ってきたとされています**。縄文時代、そして弥生時代を経て、初代天皇の即位、日本の建国を迎える古墳時代が来る。これが教科書で習う日本の歴史です。神武天皇が即位したのは紀元前660年とされていますが、**古事記や日本書紀に記されている日本神話は、弥生時代にまでさかのぼる**といわれています。

日本神話における神々、天皇はどこからやってきたのか？　日本人のルーツには驚くような説がたくさんあるのです。

縄文人と弥生人の秘められた関係性

1万年以上の長きにわたった縄文時代は、解明されていないことが多すぎる謎の時代です。文字も国家ももたない狩猟民族だった縄文人が、農耕の知識と技術をもって大陸から渡来した弥生人によって滅ぼされた。こんな説が支持されてきましたが、近年、**この説が間違っていた可能性が出てき**ました。

縄文時代は、日本列島全体に多様な文化圏が成立していたと考えられています。さらに気候変動が頻繁だった前期と、安定期に入った後期では、人々の暮らし方も変化します。縄文時代の遺跡からはアズキやウリ、ゴボウなどが検出されていて、後期には焼畑稲作《やきはたいなさく》、晩期には水田稲作《すいでんいなさく》の痕跡も見つかっています。縄文人が農耕していた証拠が出ているんです。

こうなると、縄文人と弥生人の関係性がこれまでの定説と変わってきますよね。**農耕技術をもった弥生人が先住民である縄文人を滅ぼしたのではなく、共存しつつゆるやかに発展していった。**

実際、現在の日本人のＤＮＡには縄文人の特徴が刻み込まれていて、それは東アジアのどの人種にもない特徴だというんです。

縄文から弥生の時代変化は、縄文人が弥生人を受け入れた結果だった。つまり当時の日本人にとっては、時代区分が変わった意識はなく、「平成から令和に変わったなぁ」くらいのテンションだったのかもしれませんね。

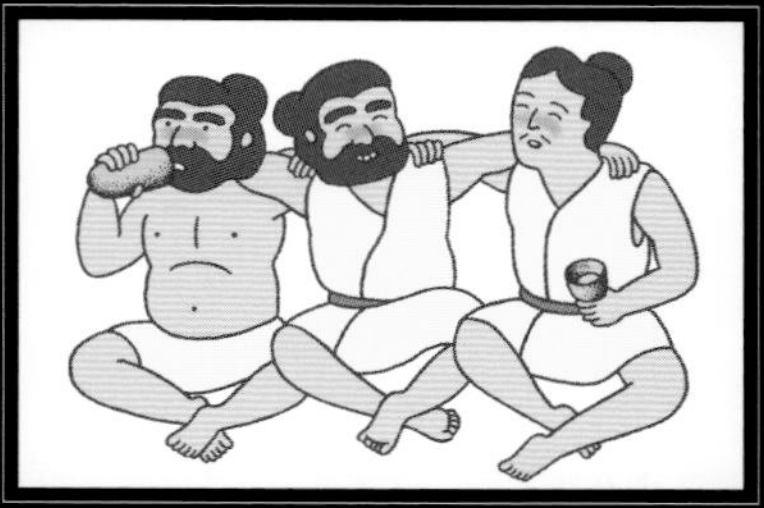

ごつい顔の縄文人と、すっきりした顔立ちの弥生人。教科書で並べられると、弥生人に完敗？の縄文人だが、最新の研究では縄文時代から弥生系の顔の人も存在していたことがわかっている。

ヤバい秘密

神社の建設や機織りなどの文化をもたらした
日本のキーパーソン、秦氏《はたし》

謎多きエリート一族 秦氏の隠された秘密

縄文人が弥生人を受け入れて、農耕や定住の文化を発展させたように、日本は、大陸と常に密接な関係にありました。**日本のルーツや歴史の転換点に影響を与えてきた最重要氏族**、それが秦氏です。

表向きの歴史では、秦氏が日本に現れたのは283年。『新撰姓氏録《しんせんしょうじろく》』によると、百済《くだら》（古代の朝鮮半島）から帰化した秦の始皇帝の子孫である弓月君《ゆづきのきみ》を祖として、第15代応神天皇の時代に渡来しています。優れた技術を活かして、

平安京や仁徳天皇陵の建設を主導したとされる秦氏。しかし、**知られている秦氏は第二陣ともいえる存在**で、実はもっと以前から日本に来ていて、そのルーツはさらにとんでもないものだという説があるのです。

日本の神話を古墳時代に照らし合わせると、日本には二つの有力氏族による流れが存在したことがわかります。

一つは、大和政権以前からこの地を支配していた物部氏グループ。神話において、オオクニヌシの一族だとされています。

もう一つは、九州から東征し、のちに天皇家となる天孫族グループ。**国譲りで日本の舵取り**

を任された天孫族グループこそ、**大陸から半島を経由して日本にやってきた〝最初の秦氏〟**ではないかという説があります。

日本にやってきた秦氏は、現在のアラル海とアフガニスタンの間に存在した、弓月国からやってきたといわれています。弓月国は、景教という宗教を信奉していました。景教はネストリウス派キリスト教の中国での呼び名。このことから、秦氏とシルクロードの先にあるヨーロッパが繋がる可能性が広がります。

秦氏はどこから来たのか？　そして天皇をはじめとする大和政権は、なぜ秦氏を受け入れたのか？　謎はまだまだ続きます。

シルクロードの道中にあった弓月国は絹で栄えていた。秦氏の秦（ハタ）が転じて、「機織り」の「機」という言葉が生まれたとの説もある。

古代イスラエルの失われた10支族と秦氏

約2700年前、ダビデ王により統一され、ソロモン王統治下では栄華を極めたイスラエル王国が、アッシリア帝国によって滅ぼされます。このとき、**イスラエルの10の支族と契約の箱が忽然と姿を消した、「イスラエルの失われた10支族」**の伝説をご存知の方もいるでしょう。

10支族と契約の箱の行方は世界のミステリーの一つですが、**10支族のすべて、または一部が日本に逃げ延びた**という説があります。

この時期の日本は縄文時代と弥生時代の境目で、ちょうど神武天皇が即位した時代。国家を失った古代イスラエルの民が新たな土地で自国の文化を復活させたとしたら……。応神天皇が秦氏を受け入れ、その後の日本の文化が急激に発展した理由が説明できてしまうのです。

Topic 2

日本人のルーツは古代イスラエルに⁉

日ユ同祖論

日本が変わらずあり続けるために隠された謎

alefbet / Shutterstock.com

イスラエルはエルサレムの旧市街にある城門、ヘロデ門に飾られた紋章と天皇家を表す十六葉八重表菊紋はデザインが似ているといわれている。ヘロデ門はヘロデ王の息子が居を構えていたことに由来。十六菊花紋は、エジプトやバビロンのイシュタル門などにも見られる。この紋章は人類最古の文明とされるシュメールに繋がるといわれる。

2680年の歴史をもつ天皇家は、「世界最古の王家」としてギネスブックにも登録されています。紀元前660年から126代にわたって続くとされる**天皇制を維持するためにも、どこかの大臣の発言のように「日本は一つの民族によって構成されてきた」と信じることが重要**だったのかもしれません。でもこれって、人類学的には明確に否定されていて、縄文人と弥生人、古事記にある熊襲《くまそ》や隼人、アイヌや蝦夷《えみし》、そして秦氏のような渡来人と、**古代の日本にはさまざまな人種や民族が入り交じっていたと**いうのが定説です。

万世一系の天皇のルーツはどこまで行っても日本人という理屈もわかりますが、歴史をたどれば、日本列島に人類が「やってきた」ことは紛れもない事実なのです。

日本人の知られざる兄弟民族

人類の祖はすべてアフリカに集約される、といわれていますが、それよりも少しあと、文明をもった人類の移動の歴史については、まだまだわかっていないことが多いのが実情です。

日本の神話を読み解いたみなさんに紹介したいのが、「日ユ同祖論」。なんと、**日本人とユダヤ人は共通の祖先をもつ兄弟民族**だという説なんです。古代イスラエルの**失われた10支族が東を目指して放浪を続け、日本列島にたどり着き、かつての故郷を再興した**というのです。

イスラエルの都市エルサレム。世界最古の都市の一つであり、ユダヤ教などの聖地でもある。秦氏が建設に中心的役割を果たしたと伝わる平安京とは名前だけでなく日本海と琵琶湖、地中海と死海の位置関係も酷似している。

この説は日本人だけが勝手にいっているわけではありません。明治時代に来日したスコットランド人のニコラス・マクラウドが調査、提唱したのをはじめ、むしろ一部のユダヤ人が唱え始めた説なのです。一見、「トンデモ」説にしか思えないですよね。しかし、日本と古代イスラエル、ユダヤには多くの「偶然にしては不思議」な共通点があるんです。神道とユダヤ教、言語、文化の類似。ここまで語ってきたことに繋がることとして、渡来人としてやってきた**秦氏が主導してつくった平安京は、「神の平安」を意味するイスラエルの都市・エルサレムと同じコンセプト**でつくられているというのです。

ユダヤ人と日本人では肌の色が違うという疑問もありますが、実は古代イスラエルにいたユダヤ人の祖先は有色人種。現在のユダヤ人との遺伝調査をしてもあまり意味がないといわれています。

ヤバい
秘密

日本語のルーツにもユダヤが関係している？
ヘブライ語との共通点

不思議な共通点をもつ言語

ユダヤ人と日本人の祖先が同じだという説の根拠は、状況証拠だけではありません。世界の言語の中でも独自の進化体系をもつといわれる日本語と、古代イスラエルで使用され、一度は消滅したものの、近代になって復活したヘブライ語。**このニつの言語には、驚くほど共通点があるといわれています。**

日本の国歌である『君が代』。耳にする回数は多くても、歌詞の意味を正しく理解している人は少ないですよね。実は、君が代をヘブライ語で読んでも、ちゃんと意味のある詩になるというんです。こんな偶然ありますかね？

クム・ガ・ヨワ（立ち上がり神をたたえよ）チヨニ（シオンの民）ヤ・チヨニ（神の選民）ササレー・イシノ（喜べ残された民よ、救われよ）イワオト・ナリタ（神の印は成就した）コルカノ・ムーシュマッテ（全地に語れ）。

これだけならこじつけで終わらせられますが、相撲の「ハッケヨイ、ノコッタ」がヘブライ語では「撃て、やっつけろ、打ち破れ！」、ジャンケンのかけ声が、ジャン（隠して）ケン（準備）ポン（来い）……。鳥肌たちませんか？

この他にも左の表のように、日本とユダヤの共通点が驚くほどたくさんあるのです。

日本とユダヤの共通点

日本	ユダヤ
清めに水と塩を使う	清めに水と塩を使う
お守りがある	メズサ（護符を入れる筒）がある
天皇家の16弁菊花紋	ユダヤの紋章
神社の構造は、手洗い場所・拝殿・本殿	エルサレム神殿の構造は、洗盤（水で洗う場所）、至聖所、聖所
神社には狛犬《こまいぬ》（ライオンに似ているとされる）	ソロモン神殿の前にはライオン像
正月は7日間	ユダヤの過越祭《すぎこしさい》は7日間
災いを払うために神社の鳥居を赤く塗った	災いが家に来ないように子羊の血を家の入り口に塗った（出エジプト記）
元服式（13歳の男を成人に迎える式）	バル・ミツバ（13歳の男を成人に迎える式）
神輿《みこし》の形	アーク（聖櫃）の形
体を洗って風呂に入る	体を洗って風呂に入る（西洋ではふつう風呂の中で体を洗う）
京都の祇園祭の開催時期	シオン祭の開催時期

ヤッホー！が「神様！」、ヨイショが「神が助けてくださる」、ワッショイが「神が来た」という意味だったり、ヤマトが「神の民」を意味する言葉だったり……。ヘブライ語で読むと意味深な日本語には、枚挙にいとまがない。しかし、日本とユダヤの不思議な共通点は、言語だけに留まらない。宗教や行事、風習など、偶然にしてはできすぎなくらい、奇妙な一致がたくさんある。特に、日本独特の宗教であり、天皇家とも縁の深い神道に関しては、用語、儀式、神道の神殿に当たる神社にまつわる事柄まで、古代イスラエルやユダヤとの共通点が多く見られる。

ヤバい秘密

YAP遺伝子

日本人が受け継ぐ「D」の意志？

日本男性特有の遺伝子配列

日本人はどこから来たのか？　謎に包まれていたミステリーが科学的に解明されるようになったきっかけは、遺伝子研究の進化でした。アジアの国々とは違う文化と身体的特徴をもつといわれてきた日本人。その真相は、**日本を含むごく限られた地域に住む人しかもっていない、特有の遺伝的特徴**にあったというのです。

ＹＡＰ（Y-chromosome Alu Polymor-phism）。いきなりいわれても、なんのこっちゃ？という感じだと思いますが、これは染色体の変異を表しています。

私たち人間の細胞の中には、実に多くの情報が詰め込まれています。細胞核の中にある染色体には、常染色体と、Ｘ染色体・Ｙ染色体の二つを合わせた性染色体があります。

染色体はＤＮＡと呼ばれる分子で構成されていて、このＤＮＡにさまざまな遺伝情報が格納されています。まさに生命の神秘ですよね。

分子人類学の分野では、父系のみに受け継がれるＹ染色体の特徴を解読することで、人類の分岐、系統をグループ分けしています。**日本人男性のＹ染色体に見られるＹＡＰ変異**。**これは、ご近所の中国人や韓国人にはほとんど見られない、アジアでは非常に珍しい特徴**なのです。

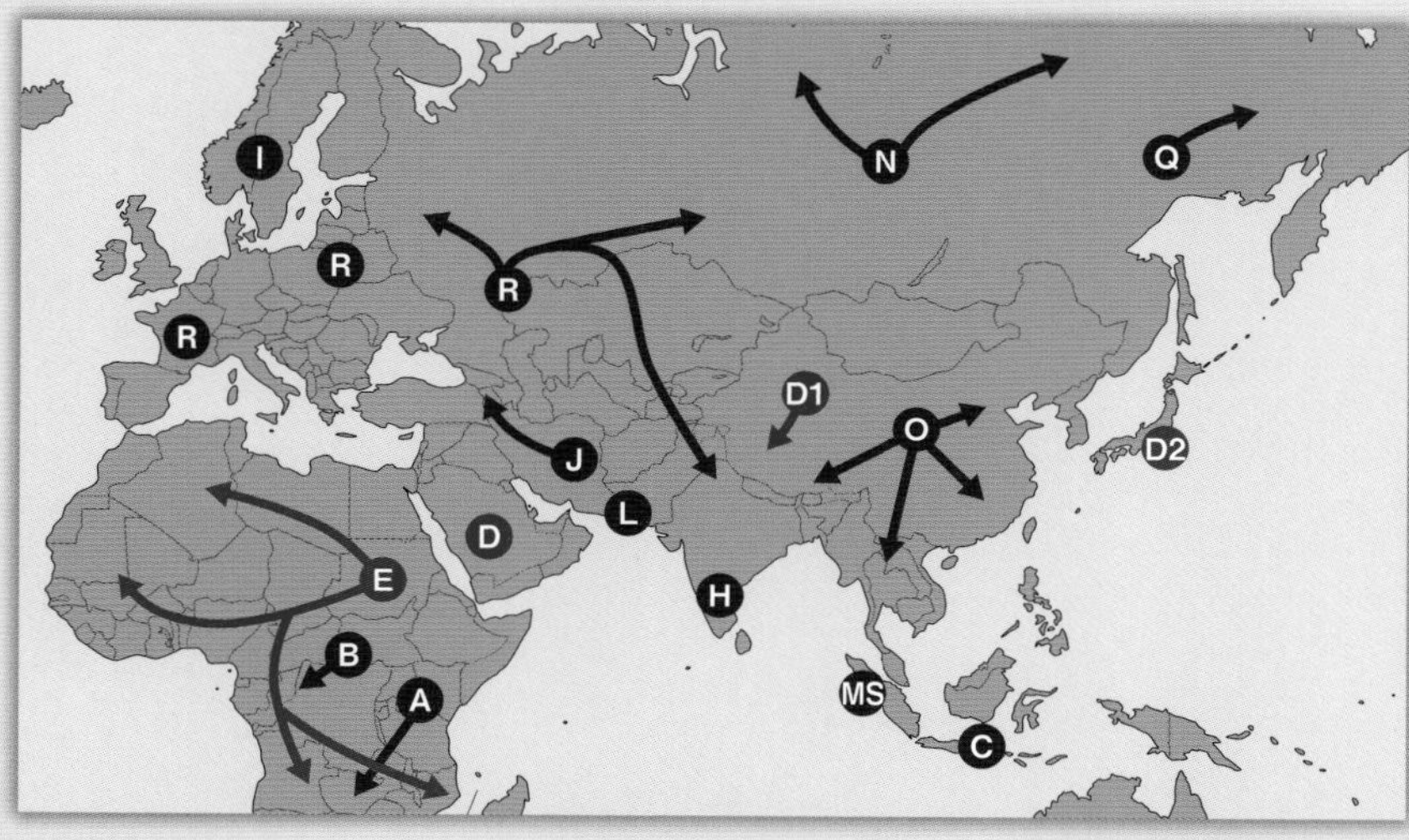

Ｙ染色体のハプログループを調べることで、アフリカから各地に散らばった人類がどんな道をたどってきたか、痕跡を知ることができる。

末裔として認められた同じ染色体をもつ民族

ＹＡＰの遺伝子配列をもつ日本人は、およそ40％に及びます。Ｙ染色体の型分類において、**日本人はＤ系統がほとんどなのですが、ＹＡＰ変異をもつ系統はハプログループＤとＥ**。分子人類学では**親戚のような関係にあるＥ系統のＹＡＰ変異をもつのが、ユダヤ人**なのです。

ユダヤ人の20～30％は、ハプログループＥに分類されるＹ染色体をもっています。その他にもイスラエルの**失われた10支族の故郷であるサマリヤの地にも、Ｅ系統の特徴をもつ人々がいます**。サマリヤの地に住む人々は、古代イスラエル人の末裔とされていますが、さまざまな民族と交わっています。しかし、父系に受け継がれるＹＡＰ変異の特徴は、いまも脈々と受け継がれているのです。

Topic
3

神とイスラエルの民を繋ぐ約束

契約の箱

契約の箱は、神が設計したといわれている。箱の長さは131cm、幅と高さは79cm。本体はアカシアの木でつくられ、蓋は純金製。内側と外側には金で装飾され、蓋の上には天使・ケルビムが向かい合うように配置されている。底面には箱が地面に触れないように脚がつけられ、移動時には担いで運ぶために２本の棒が取りつけられたという。

神との契約が刻まれた箱

「契約の箱」は、『旧約聖書』に出てくるモーセの十戒に登場する、神から与えられた10の戒律を刻んだ石版を収めた箱のことです。都市伝説的には「アーク」という呼び名も有名でしょう。**神から2枚の石版を手渡されたモーセは、「契約の箱をつくれ！」といわれます。このとき、イスラエルの民と神との契約が結ばれた**のです。

神と契約を交わしたイスラエルの民は、その後40年間にわたってカナンの地を目指し、砂漠をさまようことになります。もちろん、契約の箱も一緒に旅をしました。**箱の中には石版の他に、天から与えられ、空腹を満たすマナという食物が収められた「マナの壺」**など、さまざまな神器が入っていたとされています。契約の箱は、紀元前６０９年頃の記述を最後に、聖書の中からも姿を消してしまいました。「失われた聖櫃《せいひつ》」はどこに行ってしまったのでしょう？

動画をチェック！

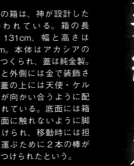

契約の箱の伝説

契約の箱には、さまざまな伝説があります。イスラエルの民は移動時に必ず箱を先頭に進みました。一行がヨルダン川を渡ろうとしたとき、先頭にいた祭司たちは箱が流されたり水没したりしないように、担いで川を渡り始めました。すると、**川の水がせき止められ、後続の民は難なく川を渡ることができた**のです。カナンの地では、さらに不思議なことが起きます。イスラエルの民は、城壁に囲まれたエリコの街を攻めていました。神のお示し通り、契約の箱の前に立った7人の祭司が角笛《つのぶえ》を吹き鳴らし、城壁の周りを周回する儀式を1日1回7日間続け、7日目に城壁の周りを7周すると**強固だった城壁が勝手に崩れ落ちた**というのです。

箱が奪われた際には、奪ったペリシテ人が謎の腫瘍や奇妙な病気に悩まされ、自ら箱を返却してきたとも伝えられています。

そんな伝説をもつ契約の箱は、現在どこにあるのでしょうか？　エチオピア正教会がシオンのマリア教会に保管していると主張していますが、非公開のため、実在を確かめられません。

アメリカ人の考古学者のロン・ワイアットは、1982年、イエス・キリストが十字架にはりつけにされたゴルゴダの丘の地下で、箱を見つけたと主張しています。ワイアットの手と口が勝手に動き、「あそこに契約の箱が隠されている」と口にすると、その場にいた考古学者たちも**自らの意志とは関係なく、口々に「それは素晴らしい！　ここを発掘調査しましょう」と言って、発掘調査が始まった**というんです。

この重大な発見は、考古学者としての信用や証拠に対する疑いから、ねつ造とされていますが、イスラエル政府は該当箇所を閉鎖、真実はわからないままとなっています。

ヤバい秘密

不可思議な出来事が続々と起こる……

契約の箱は日本にあった⁉

発掘が禁止された不思議な山

契約の箱の所在については諸説ありますが、実は「契約の箱、日本にある説」が存在します。

神奈川県の高等学校で校長を務めていた聖書研究家・高根正教氏が、**五十音や言霊で旧約聖書を読み解く研究**を行いました。なぜそんなことができるのかは不明ですが、聖書と古事記の共通点が明らかになったというから興味深いですよね。**研究の結果、契約の箱は四国の剣山にある**というのです。この説は、単なる机上の空論に終わりません。1936年、高根氏と協力者で、剣山の発掘作業を始めたのです。

その結果……**球状の岩、トンネル、大理石でできたアーチ門は発見されたものの、肝心の契約の箱は発見できず**。発掘は20年間続いたそうですが、発掘品はすべて政府に没収されてプロジェクトは終了します。

1952年、元海軍大将の山本英輔が発掘作業を再開。大理石でできた廊下の奥に100体を超えるミイラが眠っていたというのですが、詳しいことはわかっていません。

その後も発掘を試みる人はいたようなのですが、1964年に**剣山周辺が国定公園に指定されたため、謎は謎のまま**。指定されたタイミングから隠蔽を疑う声もあります。

四国八十八箇所の謎

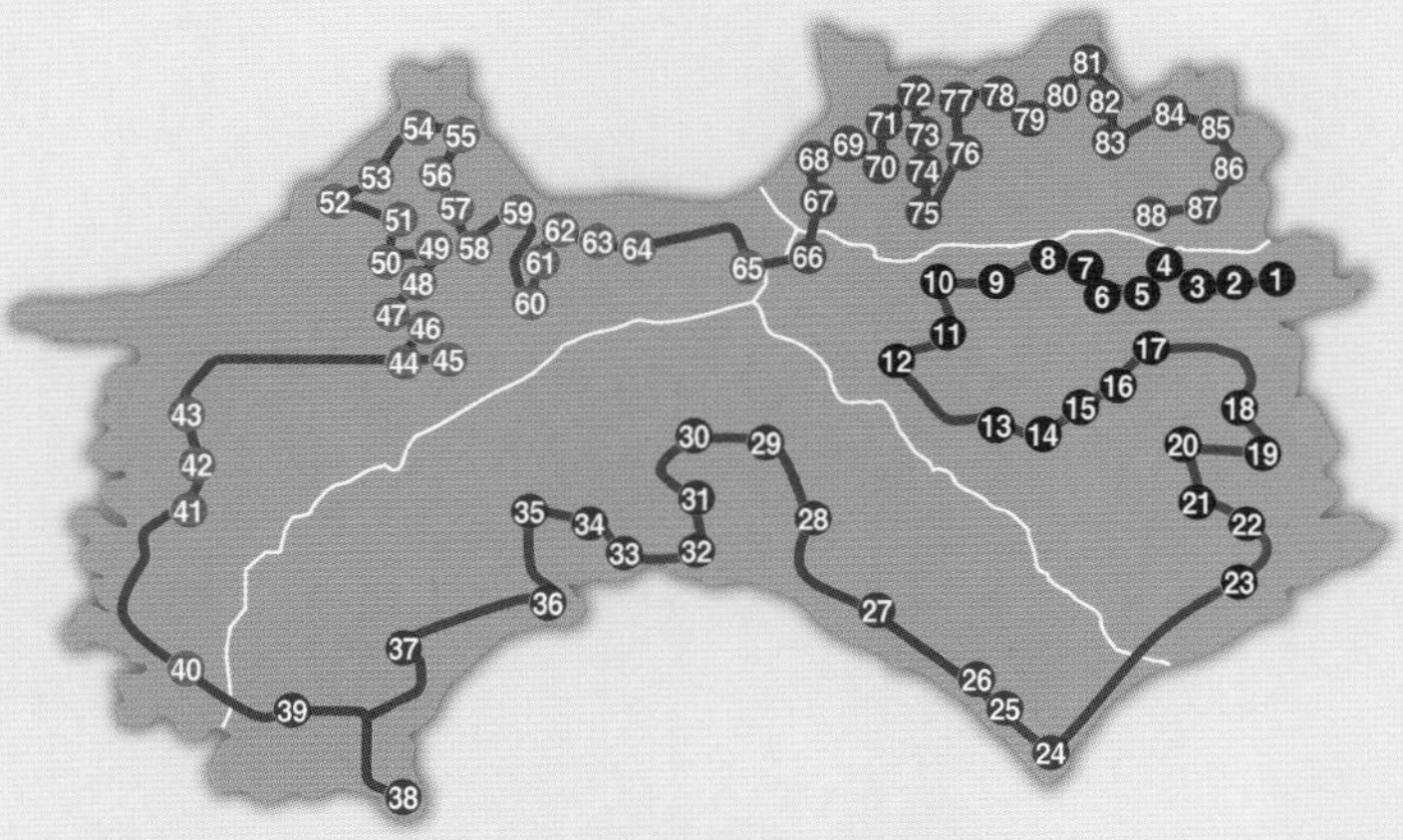

空海ゆかりの寺院を巡る四国八十八箇所は、四国全土、1400㎞にわたる巡礼の道でもある。お遍路《へんろ》と呼ばれるこのルートからは、剣山の頂上がほとんど見えない。八十八箇所は剣山の存在を隠し、封印するために張った結界ではないかという説がある。大陸から真言密教《しんごんみっきょう》を持ち帰った空海が何らかの真実を掴んでいた可能性も。また剣山はかつて鶴亀山《つるきさん》と呼ばれていて、童歌『かごめかごめ』は剣山に隠された契約の箱を守るためにつくられた伝承だという解釈もある。ヘブライ語に訳された『かごめかごめ』の歌詞は、何かを守る、安置するという意味になるという。

神輿《みこし》と契約の箱の共通点

契約の箱の形を見て既視感を覚える人も多いだろう。それもそのはず、契約の箱は日本のお祭りに欠かせない神輿とよく似ている。イスラエルの民の放浪の旅で先頭を行く契約の箱。移動時に担ぐという行為自体が神輿を連想させるうえ、2本の棒の配置、大きく翼を広げる天使・ケルビムと神輿の鳳凰《ほうおう》、金色の装飾。外見でわかる共通点を挙げたら切りがないが、全体の雰囲気を決定づけるサイズ感がほぼ同じことも直感的に「似ている」と思える要素の一つ。実は、標準的な神輿のサイズは、神が定めたとされる契約の箱のサイズとほぼ一致している。神輿が、普段は神社にいる神霊を渡御《とぎょ》する輿《こし》（＝乗り物）である点も、数々の奇跡を起こした契約の箱との関係を想起させる。

ヤバい

秘密

契約の箱をつくり出したのは宇宙人!?

契約の箱はアヌンナキが発明した

当時では考えられないテクノロジーを駆使している

街を囲んだ城壁を崩壊させる力をもち、相手に渡れば災いの元となる、契約の箱。ときに兵器となり、ときに四次元ポケットのように多くの物を収載できて、聖書にも出てくるこの箱は、実際には何だったのでしょうか? 古代、いや、現代の最先端技術でも不可能と感じる機能を搭載した箱が実在したとしたら、都市伝説的には、そう、宇宙人説です（笑）。

ここで出てくるのが、**人類の創造主とされるアヌンナキが持ち込んだテクノロジーが使われている**という説です。アヌンナキは3600年周期で地球に近づくニビル星からやってきた宇宙人で、**人間をつくり出し、ピラミッドの建造をはじめ、世界各地の古代文明に助力をしたと**されています。アヌンナキは、自らの目的達成のため、歴史のときどきで人類に知恵や技術を授けていたそうです。

モーセが対面した神とは? イスラエルの民は誰と契約したのか? 謎はつきません。

アヌンナキ像

人間が制御できない強い魔力

契約の箱と同じように聖櫃《せいひつ》とされている**伝説のアークに「ガブリエルの方舟《はこぶね》」があります。実はこの方舟、2015年にすでに発見されて**いるという説があるのです。

2015年9月11日、サウジアラビア・メッカ近郊のメナーにあるモスクの地下で、建設作業員が大きな箱を見つけます。工事進行の妨げとなるため箱を取り除こうとした瞬間、クレーンが倒れ、107名が死亡する事故がありました。この事故の約10日後に行われた、年に一度の大巡礼では死者2000人を超えるメッカ最大の群衆事故が起きます。この惨劇はメナー群衆事故として有名ですが、10日前のモスクの**事故で発見された箱から放出されたプラズマによって、4000人以上の死者が出たこと**を隠すために、表向きには巡礼者の群衆雪崩事故、メナー群衆事故として処理したのではないか？　という説を唱える陰謀論者もいます。

クレーンの倒壊自体、報道されているような**強風が原因ではなく、群衆雪崩とされたメナー群衆事故も詳細がわかっていない**ため、モスク地下で見つかったという〝何か〟の存在と関連づける陰謀論がくすぶっているんです。

発掘されたガブリエルの方舟は、その後どうなったのか？　当時のロシア艦隊の動きから、イスラム教を十字軍から守った縁で、ロシア・プーチン大統領に応援要請が行き、南極に移動させたという分析もあります。

聖櫃・ガブリエルの方舟が発見されたとされるイスラム教のモスク、マスジド・ハラーム。ガブリエルの方舟は、大天使ガブリエルがイスラム教開祖・ムハンマドに託したとされている。

Topic 4

イスラエル建国の苦難を奇跡で救った神の力

ユダヤの三種の神器

大仙陵《だいせんりょう》古墳に代表される前方後円墳は、鍵穴のような形として紹介されることが多く、英訳も keyhole-shaped mound となっている。しかし、実はこの見方は上下逆さまだとする説がある。前が方形で後ろが円、前方後円墳の名前の通りに見ると、ユダヤの三種の神器の一つであるマナの壺の姿が浮き上がってくる。

契約の箱の中に秘められた ユダヤの三種の神器

契約の箱に収められた神授の宝は、古代イスラエルにとって苦難の旅を乗り越えるために必須の、まさに神が与えた宝物でした。モーセがシナイ山で神から授かった**契約の証**でもあり、**十の戒めが刻まれた石版、同じくモーセが神から授かったと伝えられるアロンの杖、さまよえる民の飢えを防ぐマナを収めたマナの壺。**

この三つの神宝は、契約の箱の中に納められていた宝物の中でも特別な存在だったようです。**神から授かった三つの宝と聞いて思い出すのが、神話の時代から天皇家に伝わるとされている、八咫鏡《やたのかがみ》、天叢雲剣《あまのむらくものつるぎ》、八尺瓊勾玉《やさかにのまがたま》の三種の神器**です。

石版と鏡、剣と杖、壺と勾玉、なんだか似ているような気がしてきませんか？

ユダヤの三種の神器が担った役割

日本の三種の神器は、神話の中で国をつくり、国を治める過程で活躍したとされる宝物でした。古代イスラエル版の三種の神器ともいえる**三つの神宝も、エジプトから脱出し、40年間放浪した民を窮地から救った**とされています。

十戒の石版は、神が定めた10の戒律が刻まれた2枚の石版を指し、契約の箱はこれを収めるためにつくられたそうです。他の神器と違い、魔法のような能力を発揮した記録はありませんが、神との契約、すべてのはじまりとなる戒律の書としてとても重要な宝物です。

アロンの杖は、モーセが神から与えられた、不思議な力をもつ杖。『出エジプト記』では、エジプトで9の災いを引き起こしたとの記述があります。水を血に変えたり、カエルやブヨ、アブ、イナゴの大群を呼んだり、恐ろしい疫病を流行らせたりして、モーセらと対立するエジプトを苦しめました。

映画『十戒』での超有名シーン、モーセが海を割る場面でも、その手にはアロンの杖が握られています。

マナの壺は、流浪を続けるイスラエルの民がシンの荒野で飢えかけたときに、神がモーセの祈りに応えて天から降らせた「マナ」を収める壺のことです。マナは、40年にわたって民の空腹を満たしたといわれていますが、一体どんな食べ物だったのでしょうね。

これらの神宝は、**ソロモン王の時代には、石版を除いてすでにどこかに消失していた**とされています。のちに、神との契約の証である石版も、契約の箱とともに行方不明に。世界各地に離散したイスラエルの民と同様に、永遠に失われてしまったのでしょうか?

ヤバい

秘密

ヘブライ語が書かれた日本の神器

誰も確認することができない神器の秘密

失われた10支族が目指した安寧の地

紀元前721年、アッシリア王サルゴン2世の猛攻に遭ったユダヤ人国家・イスラエル王国は、終焉を迎えることになります。このときにバラバラになってしまったイスラエルの民が10の支族で構成されていたので、「失われた10支族」と呼ばれているわけです。

戦火を逃れた契約の箱は、10支族と同時期に姿を消したとされています。**いったいどこに向かったのか？　手がかりになるのは、当時の預言者、イザヤの預言**です。

「東の地でも主を尊び、海の島々でも、イスラエルの神、主の御名を尊べ」

旧約聖書のイザヤの書には、**「東の地」「海の島々」という目的地がはっきりと記されている**のです。北はアッシリア、西は海、南は砂漠に行く手を阻まれたイスラエルの民が東を目指したのは、ごく自然なことだと思えます。

王国の再興を夢見て東を目指したイスラエルの民が、当時の東西の交通を担っていたシルクロードを進んだとしたら？　シルクロードの東の終着地点にたどり着いていたら……。ここまで話してきた日本とユダヤの共通点が、ついに繋がるとは思いませんか？

日本の神器に書かれたヘブライ文字

ユダヤにも三種の神器があったとするのならば、日本の三種の神器との関係性はどうなるのでしょう？　多くの人からは、ユダヤの三種の神器は、失われた10支族とともに日本に渡った、つまり**日本の三種の神器は、モーセが神から授かった神宝そのものだ**、という説が広く支持されています。

石版が八咫鏡、天叢雲剣がアロンの杖、八尺瓊勾玉がマナの壺と考えると、なんとなく面影がある気がしませんか？　唯一、八尺瓊勾玉が怪しいですが、その正体は大きな勾玉ではないという説もあります。誰も正解を知らないので、話を進めることにしましょう。

驚くことに、**伊勢神宮にあるとされる八咫鏡の裏には、ヘブライ文字が書かれているという説があるのです**。この〝噂〟は、明治時代の文部大臣、森有礼《もりありのり》氏が発端で、伊勢神宮にある八咫鏡に「エヘイェ・アシェル・エヘイェ（我は在りて有る者）」と刻まれているのを見たと主張したというのです。真偽のほどは不明ですが、この一節は旧約聖書の『出エジプト記』にも登場します。

日本とユダヤのよく似た三種の神器。ヘブライ文字が刻まれているならかなり決定的な証拠になると思うのですが、天皇でさえその姿を見ることができず、確認できないからこそ、謎が謎を呼んでいるんでしょうね。はたして、その真相を私たちが知る日は来るのでしょうか。

聖イスラエル王国建国を助けた三種の神器は、契約の箱に納められて大切に保管されていたが、王国滅亡時にはすでに紛失していたとされる。もしかすると、密かに隠し持った神器を東の果てまで持ち込んだ支族がいたのかもしれない。

Chapter 2

まとめ

みんなが未来を生き抜くには日本の**歴史の真実を知る**必要があるのかもしれません

日本人は、アジアの中でも特殊な人種だといわれています。縄文時代にはすでに、日本列島の広い範囲に住む人類が存在したことがわかっています。この「先住民」たちも、人類発祥の地アフリカからいずれかのルートを辿ってやってきたと考えられていますが、弥生時代にはタリク方面から大規模な民族の流入があったことがわかっています。

以前は、狩猟民族で安定した食糧調達の手段をもたない縄文人が、稲作の知識、技術をもつ農耕民族、弥生人に追いやられ、日本全土で入れ替わりが起きたとする説が支持されていましたが、現在は、**縄文人と弥生人は同時期に共存し、同化していったのではないか**という説が有力です。その後も、大陸からの移民を「渡来人」として受け入れることで、日本は発展していきます。**グローバル化が遅れた島国といわれる現代の日本に比べれば、当時の日本はよほど国際色豊かだった**と考えられるのです。

では、日本の成立や発展、進化に大きく貢献した渡来人たちは、どこからやってきたのでしょう?

大陸というと、進んだ文化をもつ中国王朝が思い浮かびますが、その先、シルクロードを通じて繋がる西域からも、人はやってきていました。**日本に同化した渡来人たちは、古代イスラエル王国滅亡によって故郷を追われた「失われた10支族」、またその一部ではないか**とするのが「日ユ同祖論」です。日本人とユダヤ人が共通の祖先をもつ説は、日本人ではなく、明治時代に来日したスコットランド人、ニコラス・マクラウドによって提唱されました。

マクラウドが気づいたように、日本とユダヤ、古代イスラエルの間には偶然とは思えない、不思議な共通点が数え切れないほどあるのです。ヘブライ語で読める『君が代』、神輿と契約の箱をはじめとする数々の神事の一致、大仙陵古墳とマナの壺、日本皇室に伝わる「三種の神器」と「ユダヤの三種の神器」……。今回紹介しただけでも多くの共通点があり、特に日本語の由来や語源が不明なかけ声がヘブライ語では意味が通るというのは、ちょっと鳥肌モノですよね。まさか何の関係もないと思われていた聖書と日本神話を関連付けて読むことになるとはって感じです。

日ユ同祖論には遺伝子レベルでの共通点を示す説もあって、都市伝説的にはまだまだ掘りたい話題が満載です。他のアジア諸国の人たちには見られない染色体の「YAP変異」は、ユダヤ人との関連もそうですが、**日本人が秘めた能力をもっている、これからそれを開花させるときが来るという暗示**なのかもしれません。みんなが知っている日本の歴史の他に、隠されてきた封印された歴史があるとしたら、それを知ることこそが、私たちが未来を生きるヒントをもたらすのかもしれません。

現在の日本人を産み出した

マッカーサーの陰謀？

わるヤバい

坂本龍馬が見せたポーズの謎

高知県立坂本龍馬記念館提供

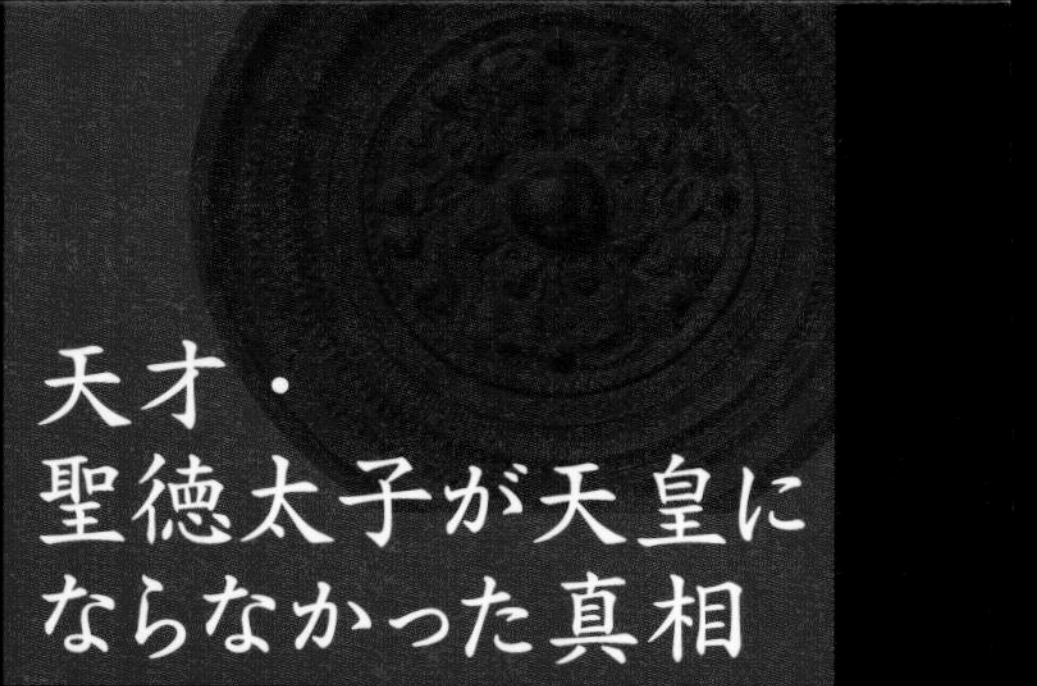

天才・
聖徳太子が天皇に
ならなかった真相

Chapter 3

日本に関わった人物たち

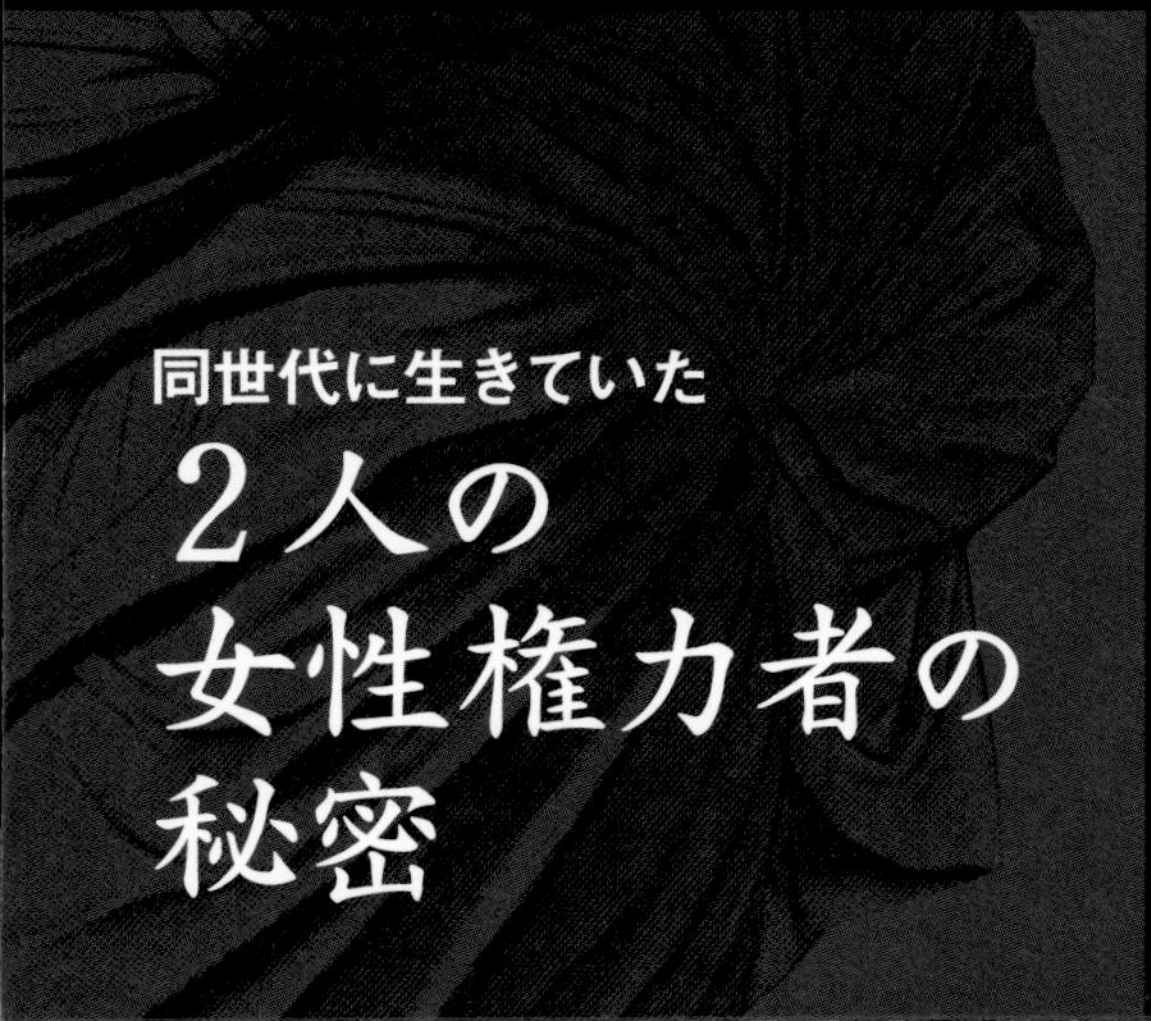

同世代に生きていた
2人の
女性権力者の
秘密

Topic 1

日本最古のシャーマン

卑弥呼

卑弥呼は、教科書で習うのに詳しいことがわからないという不思議な人物。治めていた邪馬台国の所在も未だに不明。日本の歴史書にも卑弥呼の名はないが、妖術や魔術のような力をもち、祈祷《きとう》を行う日本で最初のシャーマンだったというイメージが定着している。

「失われた150年」の正体

神に仕える巫女にして、邪馬台国を治める女王・卑弥呼は、**鬼道《きどう》と呼ばれる不思議な力を操ることができ、天候や吉凶を占う能力にも長けたシャーマン**だったとされています。

『魏志倭人伝《ぎしわじんでん》』によれば、卑弥呼は２３９年に魏に使者を送り、魏の皇帝は「親魏倭王《しんぎわおう》」という称号をもってこれに応えています。その後も魏に使者を送り続けますが、狗奴国《くぬのくに》と交戦状態にあると援助を求めた２４７年を最後に記録は途絶え、戦乱の最中に卑弥呼はこの世を去ります。死因や死亡年は記録に残っていませんが、卑弥呼の死を境に大陸の歴史書から日本に関する記述が消えます。

卑弥呼の死から大和政権誕生までの約１５０年は、中国の歴史書に日本の記述がないことから、「失われた１５０年」と呼ばれています。この１５０年の間に、日本には何があったのでしょうか？

邪馬台国は どこに存在したのか？

謎の多い邪馬台国ですが、その所在をめぐっては学会でも論争が続いています。**有力なのは畿内《きない》説と九州説。畿内説派の根拠は、奈良県天理市の黒塚遺跡で発見された34枚の三角縁神《さんかくえんしん》獣鏡《じゅうきょう》。**この銅鏡が魏から卑弥呼に贈られた百枚の一部だとする説です。その他にも、奈良県桜井市の纒向《まきむく》遺跡の出土品の豊富さから「当時の日本の有力者がここに住んでいた」という推察や、同地にある箸墓《はしはか》古墳が卑弥呼の墓ではないかという説があり、大和政権以前も近畿地方に日本の中心があったという考え方です。

九州説の根拠は、魏志倭人伝で倭の産物として紹介されている鉄や絹が多く発掘されていること。さらに、佐賀県にある吉野ヶ里遺跡に、戦いに備えて周囲に柵をめぐらせた弥生時代の大規模な集落遺跡があることなどが根拠として挙げられています。

不思議なことに、卑弥呼の没後約480年経ってから書かれた『古事記』や『日本書紀』にも、卑弥呼や邪馬台国に関する直接の記述はありません。この部分がそうかな？というにおわせはありますが、決定的な話はどこにも書かれていないのです。

もしかしたら、大和政権誕生以前に女王がいたことを隠したかった〝誰か〟の意向が働いているのかもしれません。

三角縁神獣鏡
宮内庁書陵部陵墓課所蔵

ヤバい

秘密

存在した時期、家族構成、大切にしていた鏡……
共通点が多い2人の女性権力者

卑弥呼とアマテラスは同一人物だった!?

日本の歴史書の中には確定情報が出てこない卑弥呼ですが、神話上よく知られたあの神が、実は卑弥呼ではないかという説があります。その神こそ高天原の支配者にして日本国民の総氏神であるアマテラス（天照大御神）です。

卑弥呼とアマテラスの共通点を挙げてみましょう。第一に、**卑弥呼もアマテラスも女性として歴史に登場すること。神はともかく女性の権力者って非常に珍しい**んですよね。この一致は単純ですが、大きな意味をもちます。

また、卑弥呼は類《たぐ》い希《まれ》な巫女、シャーマンとしての能力をもっていたとされます。一方で、アマテラスは太陽神であると同時に、巫女としての役割も神話には描かれています。

さらに、卑弥呼には政治的役割を一手に引き受けた弟がいたとされます。これも、スサノオを弟にもつ、アマテラスとの共通点。**卑弥呼は銅鏡、アマテラスは八咫鏡と、鏡と縁が深い**こと、配偶者がいなかったことなども同じです。

日本が一つにまとまる前とはいえ、魏の史書に残される人物が、日本の歴史に残っていないのは不自然とする見方は古くからありました。そこで、**卑弥呼の時代と、古事記や日本書紀に**

描かれている神話の時代を重ね合わせたところ生まれたのが卑弥呼＝アマテラス説でした。

では、なぜ卑弥呼は正式に日本の歴史に残されていないのか？　卑弥呼を実在の女王とすることに不都合があったのでは？　とする考え方もあります。

一つは邪馬台国と魏の関係性。近隣諸国に比べれば服従、朝貢《ちょうこう》とまでは行かないものの、敵対勢力との戦いでは援軍を要請しています。

日食は、太陽と地球の間に月が入り、太陽が欠けたり、見えなくなったりする現象のこと。皆既日食は太陽全体が隠され、昼でも暗闇に包まれることから不吉なこととされてきた。

もう一つは、古事記や日本書紀をまとめるに当たって、**神話の時代、日本建国をもっと昔にしたかった**という説です。権威に箔《はく》をつけるためですよね。

伝説と合致する自然現象

天文学的見地から卑弥呼とアマテラスの時代を検証する試みも、以前から行われています。

２４７年３月24日と翌２４８年９月５日。**卑弥呼が亡くなったとされる時期に、日本で皆既日食が起きた**可能性があります。天文学の発達で、過去の皆既日食も日時を特定できるのです。

太陽が月にすっぽり覆われ、日の光が届かなくなってしまう皆既日食は、アマテラスの天岩戸隠れの伝説そのものです。

卑弥呼の死を悼み、不安になった古代の人々にとって、皆既日食は絶望的な暗闇に見えたことでしょう。その逸話が、**アマテラスが天岩戸に隠れてしまい、この世が闇に包まれたという神話になった**としても、不思議はありません。

そういえば日本では、高貴な人の死を「隠れる」と表現しますよね。これも偶然でしょうか？

聖徳太子

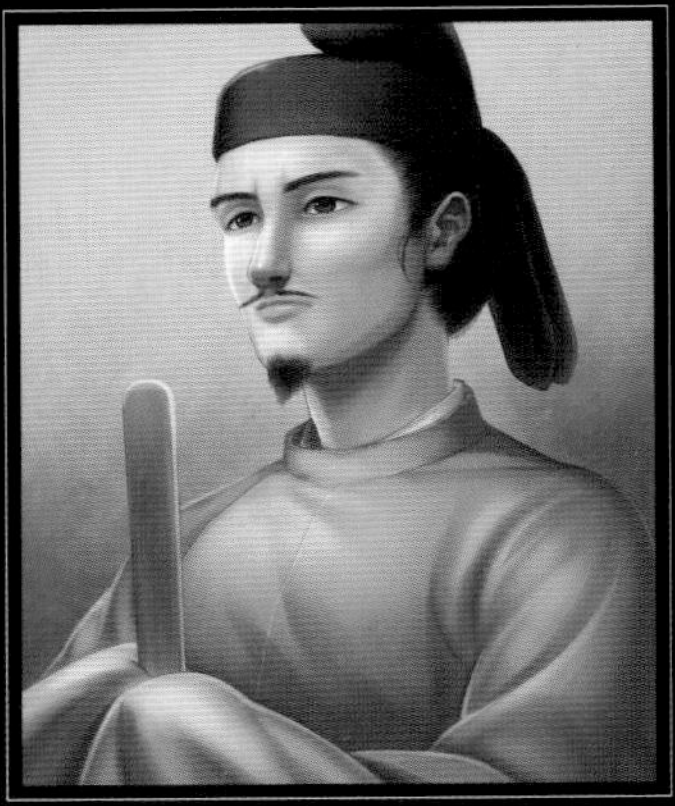

一時、「聖徳太子の実在が疑わしく歴史の教科書から消える」という話がありました。聖徳太子は、後世の人がその功績を讃えて厩戸王に贈った名前。厩戸王は実在の人物だが、さまざまな伝説に彩られた活躍がすべて聖徳太子一人の功績だったかについては、議論の余地がある。

平安京の建立や黒船来航を予言

聖徳太子の伝説は、なんと生まれる前から始まります。母である穴穂部間人皇女《あなほべのはしひとのひめみこ》が身ごもる直前に金色の僧が現れて、スーッと体内に入っていき、妊娠8カ月でお腹の中から声を出しました。金色の僧が現れてから一年後の1月1日、陣痛もなく、厩戸《うまやど》の前で生まれたことから、厩戸皇子《うまやどのみこ》と名づけられたのだそうです。このあたりの逸話は、**イエス・キリストと共通点があり、渡来人がもたらしたのかもしれません。**

また、予言者だったという話もあります。日本書紀には、聖徳太子が「兼て未然《ゆくさき》を知る」と記載されていて、『未来記』と『未然記』という2冊の予言書を残したといわれています。その中で、**平安京遷都、鎌倉幕府の成立、蒙古襲来、徳川幕府の成立、第二次世界大戦の勃発までも予言していたそうです。**

“10人同時に話を聞いた”正体は並外れた記憶力

聖徳太子の逸話として最も有名なのが、**一度に10人の話を聞いて、すべて正確に理解したことから、豊聡耳《とよそみみ》と呼ばれた**という故事です。『聖徳太子伝暦』には、11歳のときに36人の子どもの話を同時に聞き取れたとも記されています。

実際に、そんなことができたのかはわかりませんが、5歳のときに父である用明天皇に怒られたときも賢い返しをしていたといわれていますから、ズバ抜けて頭がよかったことは間違いないでしょう。

豊聡耳の逸話は、日本書紀では10人、『聖徳太子伝暦』では8人で、厩戸豊聡八耳皇子《うまやとのとよやつみみのみこと》と呼ばれたとの記録もある。聖徳太子の肖像画では豊かな福耳が定番だが、これは仏教の開祖・お釈迦様の姿の特徴である三十二相《さんじゅうにそう》八十種好の一つでもある。

10人の請願を同時に聞いて、的確な答えを返したという逸話も、解釈によっては10人の話を順番に聞き、それぞれに的確な答えを間髪入れずに答えたとなるため、実際のところ、**記憶力が人並み外れていて、それぞれが納得するような答えを瞬時に弾き出す高性能な脳をもっていた**だけという可能性もあるのです。

その賢さが、日本初の憲法である十七条の憲法の制定、冠位十二階の制定、遣隋使の派遣、仏教の興隆などの功績に繋がったわけですから、日本の歴史上でも指折りの天才だったと思ってもよいのではないでしょうか。

ズバ抜けた政治的能力の他に予言までしていたとなると、聖徳太子が何者なのかという謎は、ますます深まりますよね。

ペルシャ人の文化を色濃く取り入れていた
聖徳太子はペルシャ人だった!?

珍しい方角をむいている厳島《いつくしま》神社

聖徳太子の時代、渡来人は重要な役割を果たしました。聖徳太子の傍《かたわ》らには、秦河勝《はたのかわかつ》という側近がいたのですが、河勝はあの秦氏の族長的人物だったとされています。

秦氏といえばその出自は中央アジア、そして中東へと繋がる一族。なんと主である**聖徳太子にも、ペルシャ人説がある**のです。

日本とペルシャを繋ぐのが、日本三景の一つとして知られる厳島神社。海の中に建てられているこの神社は、一般的な神社が東か西向きに建てられているのに対し、なぜか北西を向いています。

水の近く、北西向きというのは、ペルシャで信奉されていたゾロアスター教の神殿の特徴。**厳島神社に祀られている弁財天は、中国で拝火教と呼ばれたゾロアスター教の海の女神、アナーヒターと同一**だといわれています。

厳島神社が建立された593年、聖徳太子は四天王寺の建設を開始しています。四天王寺では、聖徳太子の命日である4月22日に舞楽《ぶがく》が披露されているのですが、この舞楽は厳島神社で毎年元日に行われる「抜頭《ばとう》」と同一のテーマで、ペルシャにちなんだ物語なのだそうです。

似ても似つかない いとこの肖像画

蜂子皇子は、崇峻《すしゅん》天皇の第三皇子。崇峻天皇が蘇我馬《そがのうま》子《こ》に殺された際に、聖徳太子に匿われて北へ脱出した。八咫烏と思われる三本足のカラスに導かれ、出《で》羽《わ》三山《さんざん》を開いたと伝えられる。奇異な容姿で描かれているのは、多くの人の悩みを聞いた結果とされている。

聖徳太子＝ペルシャ人説は、聖徳太子の容姿からも見て取れるとされています。**当時の日本人男性の平均身長は１５０㎝から１５５㎝。それに対して聖徳太子は約１８０㎝あったといわ**れています。これの信じられない高身長も、渡来人、ペルシャ人説を裏づける根拠です。

また、聖徳太子の**いとこに当たる蜂子皇子《はちこのおうじ》の肖像画が、肌が浅黒く日本人には見えない**風貌であることから、聖徳太子も蜂子皇子のように、アラブ人のような見た目だったのではないかというのです。一万円札にもなった聖徳太子の肖像画も本人のものかどうか疑わしいといわれているので、可能性はありますよね。

聖徳太子の母親である穴穂部間人皇女《あなほべのはしひとのひめみこ》についても、名前の「はしひと」が、ペルシャ人のことを指す「パルシーグ」を意味しているとも考えられることから、ペルシャ人だったのでは？とする声もあります。

聖徳太子の出自についてさまざまな議論がなされているのは、聖徳太子があれだけの功績を残していながら天皇になっていないこととも関係がありそうです。聖徳太子は複数の人物の功績を繋ぎ合わせた架空の人物で、実在しなかったという説も根強くありますが、**皇位継承権をもつ聖徳太子がペルシャの血を引いていたから外されたという説も考えられそうです。**

Topic 3

世界を牛耳る秘密結社に属していた!?

坂本龍馬

坂本龍馬は、江戸末期に生きた土佐藩郷士《ごうし》。激動の時代を進歩的な感覚で生きた幕末の志士として知られ、日本初の株式会社ともいわれる亀山社中の結成、薩長同盟の成立への助力など、さまざまな功績を残した。近江屋事件で暗殺されたが、暗殺犯は未だに論争の的になっている。

高知県立坂本龍馬記念館提供

江戸の世を器用に生き抜いた人格者

1836年、土佐藩の家に生まれた坂本龍馬は、英傑揃いの幕末期でも異色の英雄です。エリートでもなく、土佐藩を脱藩した身でありながら勝海舟に認められ、神戸海軍操練所入り。その後は航海術の知識を駆使して、現在の株式会社に近い組織、亀山社中を結成するなど商才も発揮しています。

めちゃめちゃ友達がいて、とにかく顔が広い。しかもコネもたくさんもっていて、器用に立ち振る舞えた。現代でも成功しそうなヒューマンスキルですよね。

龍馬最大の功績といえば、薩長同盟の成立に一役買ったことです。当時の薩摩藩と長州藩は、一触即発の犬猿の仲でした。歴史的経緯から、あり得ないとされていた薩長同盟が成立したのは、龍馬が単なるお調子者ではなく、信じるに値する人格者だったからでしょう。

動画をチェック!

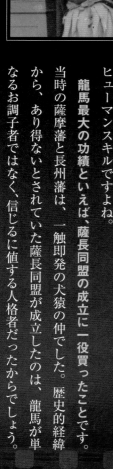

影響を受けた商人は秘密結社のメンバーだった？

龍馬には、都市伝説界では有名な疑惑があります。ずばり、あの秘密結社での日本初のメンバー説。亀山社中の取引先で情報源でもあった**スコットランド人の武器商人、トーマス・グラバーが、龍馬を世界で最も有名な秘密結社、フリーメイソンに誘った**というのです。しかし、二人がメンバーだった確たる証拠は残されていません。

フリーメイソンは12世紀のテンプル騎士団をルーツとする秘密結社。自由、平等、友愛、寛容、人道の理念をもち、全世界にロッジと呼ばれる交流の場をもつ。

グラバーの長崎の自宅に、定規とコンパスの絵が描かれた石柱があるという説があります。グラバー商会の元敷地で、現在もグラバー園として賑わっている場所に、この石柱は確かにあります。とはいえ、柱が移設されたものだったこと、イギリスのフリーメイソンが門柱にシンボルを刻んだことが書き添えられていることから、グラバーがフリーメイソンだった証拠にはなりそうもありません。

しかし、**生糸やお茶を扱っていたグラバー商会が、武器や弾薬を取り扱って莫大な利益を得たこと**、当時世界の列強が内戦状態にある日本に目をつけ、侵略のチャンスをうかがっていたことを考えると、**グラバーがフリーメイソンのネットワークを大いに活用し、龍馬もその力の恩恵を受けつつ、何らかの意図をもって動いていたとしても不思議ではありません。**

いずれにしても龍馬の活動資金、身分を越えて有力者と繋がっていく力がどこから来ていたのかは、大きな謎ですよね。

ヤバい秘密

数々の偉人が同じポーズで写真を撮っている

写真撮影で見せた謎のポーズ

懐に入れた右手の意味

着物姿にブーツを履いた龍馬の写真は、その後の龍馬のイメージを決定づける有名な一枚です。この写真の中で**龍馬が見せているある仕草が、龍馬とフリーメイソンをつなげるサインになっているという説**があります。

その仕草とは、**右手を懐に入れる仕草**。型破りな**龍馬らしいポーズですが、このポーズこそ、フリーメイソンであることを示すサイン**だというのです。

フリーメイソンのハンドサインといえば、握手をした際にお互いがメイソンリーだとわかるように独自の握り方があるとされていて、握手をすればフリーメイソンのメンバーであるかないか、階級までわかるといわれています。

もう一つ有名なハンドサインが、握手をする右手を隠すハンドサインです。**ナポレオン1世の肖像画でも有名ですが、他にもモーツァルトやジョージ・ワシントンなど、フリーメイソンだと噂されている人たち**の多くがこのポーズで肖像画、写真に収まっています。

ちなみに北朝鮮の最高指導者、金正恩も右手を懐に入れる仕草をよく見せますが、これはナポレオン1世の真似といわれていて、彼自身がフリーメイソンというわけではなさそうです。

龍馬のポーズは、フリーメイソンのハンドサインという他にも、非常にさまざまな説があります。暗殺を警戒していたために常にピストルを携帯していて、このときも右手にピストルを握っていて、国際法の解説書『万国公法』を持っていた、愛用の懐中時計を持っていたなど、**懐に入りそうな持ち物をもっていた説**。**寺田屋で襲われたときについた指の傷を隠すためだった説**……。正直どれも当てはまりそうですよね。

果たして、龍馬の仕草はフリーメイソンのハンドサインだったのか？　真相はいかに。

右手を隠すこのポーズ、実は18～19世紀に流行したポーズだったという説もある。ローマ時代の上着であるトガは、右肩越しに布を回して右腕を覆い隠す着こなしがおしゃれとされたため、これを後世の人が模倣した。

暗殺されたのは『身代わり』だった

1867年（慶応3年）12月10日、京都河原町で醤油商を営む近江屋にいた**龍馬は、何者かに襲撃され、中岡慎太郎、従者の山田藤吉とともに暗殺されてしまいました**。暗殺犯については諸説あり、江戸幕府管理下の京都見回り組説が有力ですが、誰が何の目的で龍馬を暗殺したのかはわかっていません。

実は、近江屋で殺されたのは影武者で、龍馬は近江屋襲撃から逃げ延びたという説があります。そもそも「坂本龍馬」として出回っていた写真も影武者のもので、本当の龍馬は限られた人しか知らなかったと。信憑性は不明ですが、グラバーの助けでスコットランドに渡った龍馬は、**岩倉使節団とイギリスで面会し、アメリカに渡ったのでは？**　ともいわれているんですよね。

マッカーサー

GHQ最高司令官と日本の因縁

スコットランド貴族の血を引き、軍人の家で育ったダグラス・マッカーサーは、2度の大戦を経てGHQ総司令官を務めた。指揮を執った朝鮮戦争では苦戦続きで途中解任。アメリカへ帰国することになったが、意外なことに帰国を惜しむ日本国民数十万人が沿道で見送ったという。

ダグラス・マッカーサーは、第二次大戦後ポツダム宣言を受けて、**日本の占領政策を実施する連合国軍最高司令官総司令部（GHQ）の最高司令官として来日**しました。

陸軍士官学校を出たマッカーサーは第一次世界大戦を戦い、植民地だったフィリピンの軍事顧問としての経験を買われると、第二次大戦では、フィリピンで戦いました。ところがアメリカ軍は大苦戦。**日本軍に追い詰められ、マッカーサーはオーストラリアに命からがら逃げることに**なります。

このとき、フィリピンのバターン半島で投降したアメリカ人捕虜が、捕虜収容所への移動時に多数死亡した「バターン死の行進」が起きたことから、マッカーサーは終戦後、日本の地を踏んだときに「長い道のりだった」と発言したといいます。

日本人の思想を根本から変えた政策

アメリカをはじめとする連合国の支配下となった日本は、非常に大きな転換期を迎えます。1945年10月2日に設置された**GHQがまず着手したのは、日本軍の解体**。戦争犯罪者を逮捕し、1948年に東京裁判を行いました。

愛国心、忠誠心が強い日本兵の強さを身をもって知るマッカーサーが、GHQのトップとしてどんな裁定を下したのか？　戦争は、双方に非があり、平時の常識が当てはまらない状況です。その中で、敗戦国を戦勝国が裁くことを問題視する声がありますが、GHQはかつて大きな脅威だった日本の力をこの機会に徹底的に削ごうとしたのだといわれています。

戦闘機や戦艦の製造は中止、財閥は解体され、商業活動は農業主体に。大地主がいなくなったことで、自作農が増えました。この政策は、日本に古くから残る主従関係、縦社会構造が軍国主義を生んだとして、平等な社会構造をつくり上げるために行われた改革だったとされます。

GHQ活動の政策責任者であるマッカーサーが、「日本憎し」という気持ちから極端な政策を採用した説もありますが、マッカーサーは、**敗戦にも常軌を逸した暴動が起きることのない日本人の習性を理解して活かした上で、自らの政策の実現に役立てたの**です。

第二次大戦で敗れた日本に対し、イギリス首相、アメリカ大統領、中国国家主席の名で発行されたのがポツダム宣言。日本に降伏を要求する最終宣言で、1945年8月14日に日本はこれを受諾した。

ヤバい
秘密

戦後から現在に至るまで、日本人の思考を操る
「自信のない日本人」を産み出した

国民に衝撃を与えた天皇の『人間宣言』

ポツダム宣言を受諾した翌日、8月15日の正午。昭和天皇によって「終戦の詔書《しょうしょ》」が音読されました。玉音《ぎょくおん》放送と呼ばれるこの放送は、国民に終戦を知らせる一報となったこともあり、大きな衝撃を与えました。

もう一つ、**国民にとって衝撃を与えたのが、1946年の1月1日に発布された、通称「人間宣言」**。とはいえ詔書自体に「人間」という言葉はなく、天皇が現人神《あらひとがみ》であることを否定したのも「解釈によっては」という感じですが、**GHQが天皇に自らの神性を薄めさせる政策を採り、マスコミ各社にこの詔書を「人間宣言」と報道させた**という説もあります。

天皇を神として見ることを日本国民にやめさせようとしたGHQですが、天皇制度の解体は行わず、日本の象徴と位置づけました。なぜ天皇制を解体しなかったのでしょう？

大きな理由は、日本国民の天皇に対する強い思いです。マッカーサーをはじめGHQの首脳は、捕虜になることを恥とし、国のためなら自らの命を惜しまない日本兵の精強さを体感していました。そのため、天皇制廃止による日本兵の反乱を第一に恐れたのです。それよりも天皇

への忠誠心を活かせば、日本をＧＨＱの望む方向へうまく誘導できると考えたのです。

その代わり、**国家神道の廃止、政治と宗教の分離、神社の宗教法人化と日本人の信仰・宗教**に手をつけました。まず柔軟な子どもたちから考え方を変えていくために、軍国主義教育に代わって民主主義教育が行われ、戦争放棄、国民主権をうたった日本国憲法が制定されました。

ＧＨＱがつくったといわれるこの憲法は、マッカーサーの指示のもと、**わずか1週間でつくられた英文草案を訳したものが根幹になっている**という説もあり、アメリカの意向がかなり色濃く反映されているといわれています。

３Ｓ政策は、民主に対するガス抜き政策であり、愚民政策とも呼ばれる。韓国でも政府が批判をかわすために３Ｓ政策を用いたとされる。

不安から目をそらさせる3S政策

これまで自分たちが信じてきたことを根底から覆す大きな変化から国民の目を背けるために、メディア政策にも気を遣いました。

ＧＨＱは、「Ｓｃｒｅｅｎ」「Ｓｐｏｒｔｓ」「Ｓｅｘ」の頭文字をとった3S政策という手法を採用しました。Ｓｃｒｅｅｎは映画、テレビで娯楽作品を奨励すること。Ｓｐｏｒｔｓは、アメリカの国民的スポーツだった野球を一気に普及させること。Ｓｅｘは、性風俗を開放すること。これらによって**日本国民は、不安から目をそらし、政治への関心を失うように仕向けられた**のです。

日本人が政治に無関心だといわれるのは、もしかしたらＧＨＱの陰謀のせいで、アメリカにとっては都合のいいことなのかもしれません。

Chapter 3

まとめ

みんなが知っているはずのことも 別の視点から見ると まったく違って見えるかもしれません

日本の歴史にはさまざまな偉人が登場します。卑弥呼、聖徳太子、坂本龍馬、マッカーサー……。

ここで紹介した日本に関わるヤバい人物たちはみんな、教科書にも出てきましたよね。

卑弥呼は日本で初めて中国の歴史書に登場した、日本を治めた女王です。現在でも、指導者は男性が多い日本で、なぜ「女王」だったのか？　不思議ですよね。それに対する答えの一つとして、イザナギが生んだ三貴子のうちの一柱、アマテラス（天照大御神）の天岩戸隠れが、卑弥呼の没年付近で起こった皆既日食という説があり、卑弥呼＝アマテラスではないかといわれているのです。正体が判然としないのも、邪馬台国の場所が未だに特定されないのも、その後に**男性を中心とする新たな社会をつくり上げた大和政権がその存在を隠したかった**からと思えば納得できます。

「和を以て貴しとなす」。よくも悪くも日本人のＤＮＡに刻まれているこの一文から始まる『十七条の憲法』制定をはじめ、さまざまな功績を残した聖徳太子も謎が多い人物。逸話の真偽はともあれ、日本の歴史に残る天才なのは間違いありません。しかし皇位継承権もあったにもかかわらず、「なぜ天皇にならなかったの？」というのは疑問ですよね。都市伝説として興味深いのは「ペルシャ人説」。身長が約180cmあったとか、いとこの蜂子皇子の肖像画がかなり異国風の見た目だったことを考えると、**外国の血が入っていたから天皇にならなかったことも考えられます。**

幕末の英雄、坂本龍馬も歴史のミステリーを背負った人物です。彼にも、「一介の脱藩志士だった龍馬になぜそんな人脈や資金があったのか？」というミステリーがついて回ります。そこで出てきたのが、坂本龍馬、フリーメイソン説。日本のヤバい秘密にもやっぱり出てきましたね。雄藩と幕府の内戦状態だった日本の状況、スコットランド人の武器商人、トーマス・グラバーとの関係から、龍馬がメイソンリーだったとしても不思議はありませんし、**フリーメイソンのネットワークと支援があれば、薩長同盟の締結、亀山社中の結社**などの龍馬の功績にも説明がつきます。

ここに登場する人物で、現代を生きる私たちに一番関係しているのが、ダグラス・マッカーサーでしょう。第二次世界大戦後、GHQの総司令として来日し、**不戦を謳った日本国憲法制定や財閥解体、そして3S政策**など日本人弱体化計画を実行しました。大戦の苦い記憶を元に、本来日本人がもっていた良さ、伝統や本当の歴史を奪おうとする勢力があった。日本人が、政治や国の未来に無関心だといわれるのは、そうなるように仕向けた人がいたからだとしたら……。歴史上の偉人の謎にこれまでなかった角度から光を当てると、隠されていた歴史の真実が浮かび上がってくるかもしれません。

い昔話
コンプライアンスを守った
桃から生まれたオトナの事情
けむりは●●だった？
玉手箱の正体を発見！

Chapter ★ 4

日本のヤバ

竜宮城は日本にあった!?

桃太郎のすべては陰陽五行説にあった

Topic 1

浦島太郎

正体は秦の始皇帝から派遣された人物

亀に連れられてやってきた竜宮城で、乙姫と楽しく3年を過ごした浦島太郎だったが、地上に戻ると数百年が経過していた。開けてはいけないといわれた玉手箱を開けると浦島も老人に、という昔話とは思えないバッドエンド。竜宮城とはどこで、玉手箱とは一体なんなのか？

最古のルーツは『日本書紀』

助けた亀に乗せられて竜宮城でバカンス。帰ってくると、景色が違う。もらった玉手箱を開けてしまうとおじいさんに……。ざっくり話をまとめると、浦島太郎、とんでもない話ですよね。

日本の昔話は江戸時代にまとめられたものが多いのですが、それらは各地に古くから伝わる神話、伝説、伝承を元にしています。**浦島太郎の物語は、『日本書紀』や『万葉集』にも登場する浦嶋《うらのしま》子《こ》伝説が原型**になっているといわれています。浦嶋子といっても、浦島太郎の女体化版ではなく、浦嶋子という青年が釣った亀が絶世の美女に変身し、彼女に誘われるまま常世《とこよ》の国の蓬莱山《ほうらいさん》で3年を過ごしたら、地上では300年が過ぎていたというお話です。

実は『古事記』に登場する山幸彦《やまさちひこ》も、海の神、ワタツミ（綿津見《わたつみの》神《かみ》）に歓待を受け、3年後に地上に戻ったエピソードがあります。

竜宮城は日本の皇室を現していた!?

浦嶋子伝説に登場する楽園は、『日本書紀』では**竜宮城ではなく、蓬莱山**という名前になっています。これは、中国の仙人が住まう神山として知られる伝説上の土地のこと。**秦の始皇帝に命じられ、不老不死の薬を求めて東に旅立ったという、徐福《しょふく》の伝説にも出てくる場所**です。

浦嶋子伝説に登場する蓬莱は、仙人が不老不死の薬をつくる中国の蓬莱山を指す。日本では富士山や熊野山、そして三種の神器・天叢雲剣（草薙剣）を神体とする熱田神宮も蓬莱と呼ばれていた。

始皇帝、東に向かうというだけでピンときているかもしれませんが、徐福がたどり着いたのは日本だったといわれています。

始皇帝ゆかりの人物がやってきたといえば、渡来人の秦氏ですよね。徐福が連れてきた3000人の調査団が、日本に根づいた渡来人だった、稲作を伝えた弥生人だったなどさまざまな説があり、日本に渡った徐福が神武天皇になったという説まであります。

浦島伝説に話を戻しましょう。浦島が楽園で過ごした3年間は、地上では300年。周囲が変わり果てるのに十分な時間が経過していたという描写があります。竜宮城と地上では時間の進みが違い、玉手箱はその時計の針を元に戻す仕掛けだったのでしょうか？

もしかしたら浦島伝説は、徐福に従って東を目指した3000人の一部または子孫が、ときを経て大陸に戻り、変わり果てた故郷の姿を目の当たりにしたという話なのかもしれません。

この説を採用するなら、**徐福らを歓待した竜宮城は日本の皇室のこと、浦嶋子伝説では蓬莱は水中ではなく、海上の島**だったそうです。

ヤバい
秘密

言葉が生まれる前から存在していた学問

玉手箱の中身は言霊の神秘

日本人が信じる「言霊」がもつ力

浦島伝説が史実に基づいた話だったとして、気になるのは玉手箱の正体ですよね。箱というからには物が入っている、というのは現代人の考えで、古代の日本人は、目に見えないものやことを大切にしていました。

日本人が古くから大切にしてきた考え方に、布斗麻邇《ふとまに》、言霊《ことだま》があります。

布斗麻邇は太占《ふとまに》ともいい、イザナミ・イザナギが神生みに失敗したとき、天津神《あまつかみ》たちが答えを占うのに用いられています。

布斗麻邇では、**人の心は50個の言霊で成り立っていて、言霊を理想的に使うことで人間としての精神性を最大限まで高めることができる**とされています。

玉手箱の「玉」が言霊を表していたとすると、玉手箱の中には言霊が詰まっていたといえます。乙姫は「音秘め」が転じたもので、竜宮または蓬莱山と地上の時間の進み方を解消する、大いなる力を玉手箱に込めていた。そう考えると、**言霊が詰まっていた玉手箱を開けたことで、秘められていた音の力、言霊の力が放出され、浦島は一気に年をとってしまった**という考え方もできます。

浦島太郎の物語は他の物語と違って、よい行いをしたはずの浦島が、最後にはおじいさんになってしまうという釈然としないバッドエンドですが、**言霊の力を描いた物語だったとしたら、浦島の止まっていた〝時〟が瞬時に進行したこと**に教訓や戒めがなくても当然です。

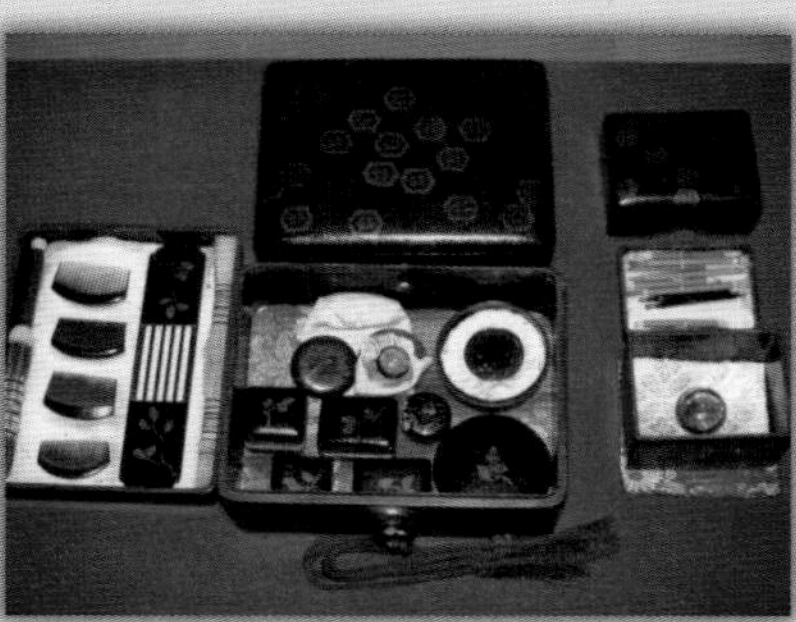

玉手箱の中身は何か？　浦島は「海流に乗って大陸に流れ着いた」とする解釈では、玉手箱は中国では化粧箱のことで、中身は「おしろい」で、それが風に舞って老人のように見えたという説もある。京都府の浦島神社には、「玉手箱」という名称の化粧箱が存在する。

言霊という考えについては、聖書にも、「はじめに言（言葉＝ロゴス）があった」という一節があります。古代ギリシャでロゴスは宇宙の真理を表すように、世界中に見られる考え方です。

世界中に存在する『浦島太郎』の伝説

言霊の概念が世界中にあったように、浦島伝説に似た話も世界各地で見られます。

中国では**東晋時代の『拾遺記《しゅういき》』**の中に、**浦島伝説そっくりの物語が収められています。日本の浦島伝説は、この話が下地にある**という説もあります。

西洋には、ケルト人に伝えられてきた『フィアナ伝説』があります。主人公の騎士オシーンが常若《とこわか》の国で3年間を過ごしていたら、こちらも元いた世界では数百年が過ぎていて、決して降りてはいけないといわれた白馬から降りた瞬間に、老人化してしまうという物語。

他にも、タイムトリップや時空の歪みを示唆する物語、パンドラの匣《はこ》をはじめ、「開けてはいけない箱」の話も世界中にありますよね。

桃太郎

桃太郎の由来には諸説あるが、中でも有名なのが岡山県の桃太郎伝説。これは岡山の観光促進も含めた宣伝活動のお陰。戦前は愛知県や香川県がゆかりの地としてよく知られていた。岡山が主張しているのが吉備津彦命の温羅退治伝説が桃太郎の原典になったという説だ。

"桃から生まれた"大人の事情

桃太郎といえば「桃から生まれた」のが常識ですよね。ところが、みんなが知っているこの常識、明治以降につくられたものなんです。

それ以前の桃太郎はどんな話だったかというと、**川から流れてきたのはただの桃で、それを食べたおじいさんとおばあさんがいろいろな意味で若返り、その結果生まれたのが桃太郎**という話なんです。

この話を子どもにするにはちょっと説明がややこしいですよね。

そこで、「子どもはコウノトリが運んでくる」的な大人の自主規制を経て生まれたのが、現在の桃太郎だったのです。

桃は**中国では仙人の食べる仙果《せんか》で、不老不死の効果がある**とされていました。俗世を離れた仙界《せんかい》を意味する桃源郷《とうげんきょう》という言葉もあるように、大陸の影響を強く受けてきた日本でも、桃には神秘的な力があると信じられていたのです。

動画をチェック!

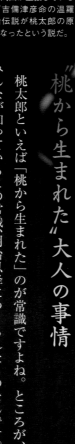

人間が恐れた鬼の正体

桃太郎の敵役といえば、いま話題の「鬼」。もともとは「隠（おん）」。姿の見えない、この世のものではない、という意味がありました。中国で鬼は「死者の霊魂」を意味し、日本での幽霊のようなものだそうです。

では昔の人は、鬼をどのように見ていたのでしょうか。一般的には**超人的な力をもち、人に危害を加える邪悪な存在、ときには人を食べてしまうと考えられていた**ようです。

実在しないはずなのに、さまざまな伝承、物語に登場する歴史上 No.1 のダークヒーロー、鬼。その姿は角、牙、縮れた毛髪、虎皮の腰布に金棒と、なぜか時代も場所も問わず、ほとんど共通している。

人間を超越した能力をもつことから、埼玉県比企郡嵐山町の鬼鎮神社、青森県弘前市の鬼神社、福岡県田川郡添田町の鬼神社、大分県大分市の鬼神社のように、鬼を神として祀っている神社もあります。

頭にはツノ、口には牙をもち、全身は真っ赤。人ならざる鬼は実在していたのか？　結論からいうと、**鬼族みたいな種族や、動物がいたわけではありません**。

憎しみや、恨み、恐れ、現世に念を残した死者の魂が鬼として出現する。**人のもつ邪悪な心が具現化したものが鬼だ**と考えられます。鬼と似ている般若の顔は、女の嫉妬や恨み、情念を表したものといわれていますし、人間そのものが鬼だという考え方もできます。

桃太郎の鬼に関しては、島に住み着いた外国人説や海賊説もありますが、敵対勢力は悪者＝鬼となっただけで、鬼ヶ島の住人からすれば、桃太郎が侵略者だという説もあります。鬼とされた側にも正義があるかもしれませんね。

ヤバい秘密

〝桃太郎のお供〟の選ばれ方

鬼との闘いに打ち勝った最大の要因？

お供は計画的に選ばれていた

桃太郎の鬼退治のお供といえば、きび団子をもらったイヌ、サル、キジですよね。ではなぜ、数々いる動物の中でイヌとサルとキジがお供になったのでしょう？

昔々、経済的な理由で子どもを育てることができなかったとき、川に流したり山に置き去りにしたりする「間引き」という習慣があったそうです。**桃太郎のお供は、イヌ（居ぬ）、サル（去る）、キジ（帰らじ）で、間引きされた子どもに成仏してほしいというメッセージが込められている**という説があります。

もう一つの説が、陰陽五行説《いんようごぎょうせつ》です。陰陽五行は、万物は木・火・土・金・水の五行に分類でき、それぞれに陰と陽があるという考え方で、神道にも大きな影響を与えました。

陰陽五行では方角を十二支に当てはめているのですが、**北東を鬼が住む鬼門としています。鬼門の方角に当たるのは、十二支の寅と丑。**鬼が虎柄の腰布を巻き、牛のようなツノをもつのはこれが由来といわれています。

鬼門の正反対が裏鬼門。十二支では、時計回りに申、酉、戌となります。これが鬼退治にイヌとサルとキジが最適だったという根拠になったというのです。

陰陽五行説と桃太郎の相関図

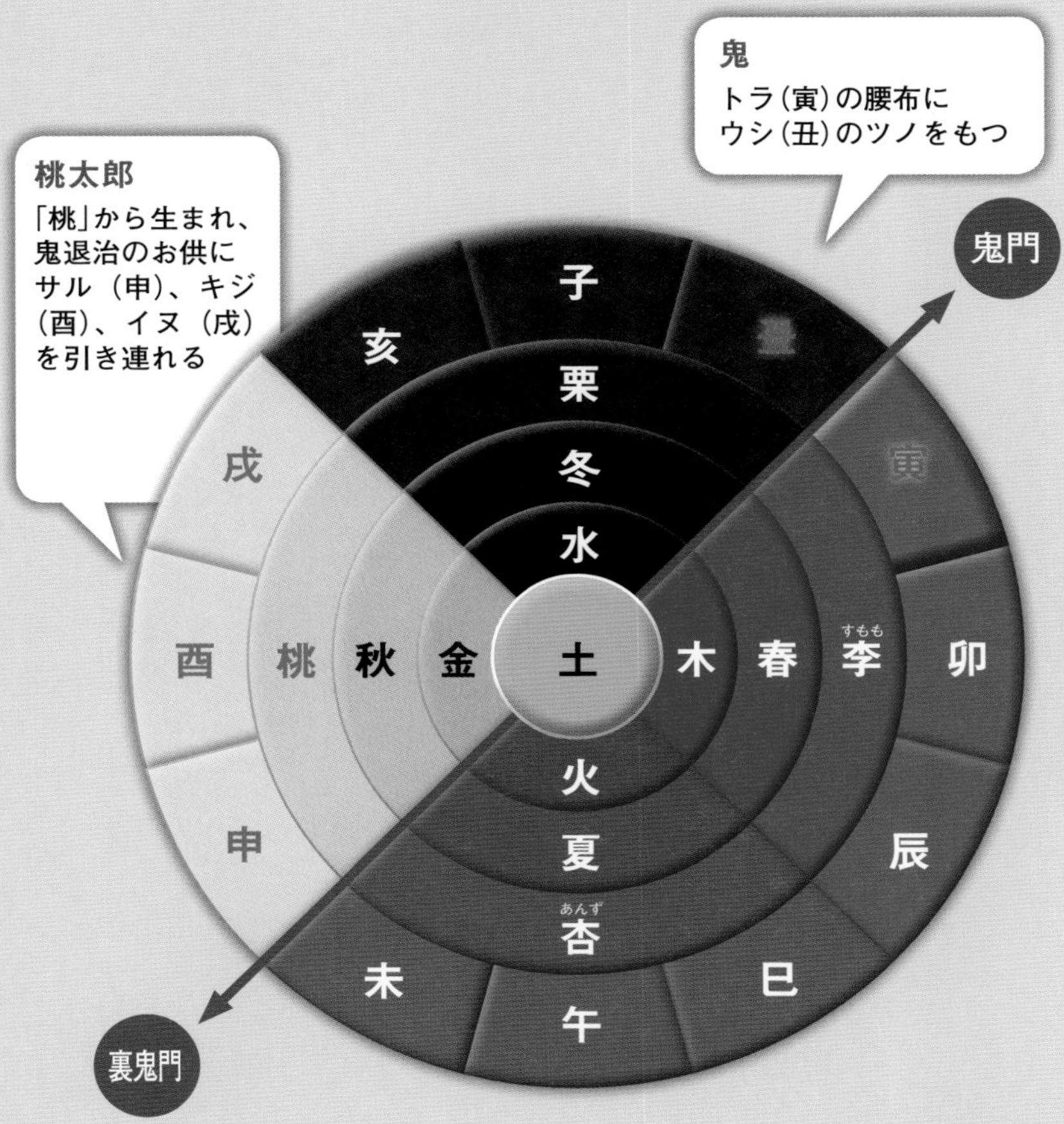

上図は、方角を北から時計回りに子・丑・寅・卯・辰・巳・午・未・申・酉・戌・亥の十二支で表している。五行は万物に当てはまるため、果物、季節も付記してある。裏鬼門から時計回りに表を見ると申、酉、戌がいることがわかる。同じ属性の果物は桃。鬼のいる鬼門と正反対の方角にある裏鬼門から、金行の要素をもつ“桃”太郎が、サル（申）、キジ（酉）、イヌ（戌）を従えて鬼ヶ島を目指し、北東（丑寅）にいる鬼を倒し、金銀財宝を手に入れる。物語では、イヌ、サル、キジの順番で出会ってはいるが、桃太郎は陰陽五行の物語でもあるのだ。

Chapter 4

まとめ

みんなが読んで育った昔話には隠されたメッセージが込められているかもしれません

世界各地には、国や地域で語り継がれている昔話がありますよね。日本にも、桃太郎や浦島太郎、金太郎の〝英雄トリオ〟をはじめ、さまざまな昔話があります。昔話というと、子ども向けの印象が強いかもしれません。でも、**昔話が子どもだけのものになったのは、明治期になってから。**桃太郎が教科書に採用されるなど、「子どもたちが何かを学ぶための昔話」という考え方が確立しました。

それ以前はどうだったのか？　もともと昔話は、「昔々あるところに……」の決まり文句でもわかるように、話して伝える「伝承文学」と呼ばれるものでした。**民衆の口から口へと伝えられていたことを書き記したものが出回るのは、江戸時代に入ってから**だそうです。日本最古の歴史書『古事記』も、超物知りじいさん、稗田阿礼が天皇の系譜や古い伝承を語り、太安万侶が書き記したものといわれていますよね。昔話も、その地域で実際に起こったことを多少大げさに盛りながら語り継いできた歴史の記録ともいえるわけです。そうなると、本の中でも紹介した浦島太郎の「竜宮城、乙姫」や「玉手箱」、桃太郎の「桃から生まれた桃太郎」や「悪い鬼」などのファンタジー要素が、どんな事実に基づいているのかが気になりますよね。

浦島太郎の元は、『日本書紀』などにも登場する浦嶋子伝説といわれています。竜宮城は当時日本よりも進んでいた中国の都だったのか？　秦の始皇帝に派遣された徐福が「東の地」で築いた新たな宮殿だったのか？　さまざまな説が考えられますが、**生まれ育った場所とは違う文化に触れたことが、亀の背中に乗って海中の竜宮城に行ったという表現になった**と考えるのは、結構あり得る話ですよね。

桃太郎は、教科書に採用されたり、絵本になったりする過程で「川から流れてきた桃を食べて**精をつけたおじいさんとおばあさんが子づくりしちゃった」という生々しい話を自主規制**して、「桃から生まれた」という話になったと予想されます。最近だと暴力的な解決はよくないという考え方から、鬼をやっつけるのではなく話し合いで説得してほしいとの意見も。いつの時代もコンプライアンスで物事が変わっていくんですね。そしてこの鬼も、日本の伝承、昔話には欠かせないものです。トレードマークの角や虎柄のパンツは干支や陰陽五行から来ている姿なので、ああいう鬼が実在したとは考えづらいのですが、人間に巣くう怒りや恨み、邪悪な心が具現化したものが鬼なのかもしれません。

今回は、浦島太郎と桃太郎を読み解いてみましたが、この二つの昔話にもまだまだいろいろな説がありますし、「竹取物語」でも、かぐや姫宇宙人説などが有名です。みなさんが子どもの頃から当たり前に読んできた、または聞いてきた昔話には、日本の歴史の秘密が隠されているかもしれませんね。

い予言

神が17年かけて書かせた予言書

日《ひ》月《つき》神《しん》事《じ》

文明の中心地は22.5度ずつ移動している……

次の文明は日本!?

Chapter★5

日本のヤバ

未来のヒントは女性性にある?

地球が人間に出し続けた警告

Topic 1

文明の繁栄は宇宙の法則に基づいている

ガイアの法則

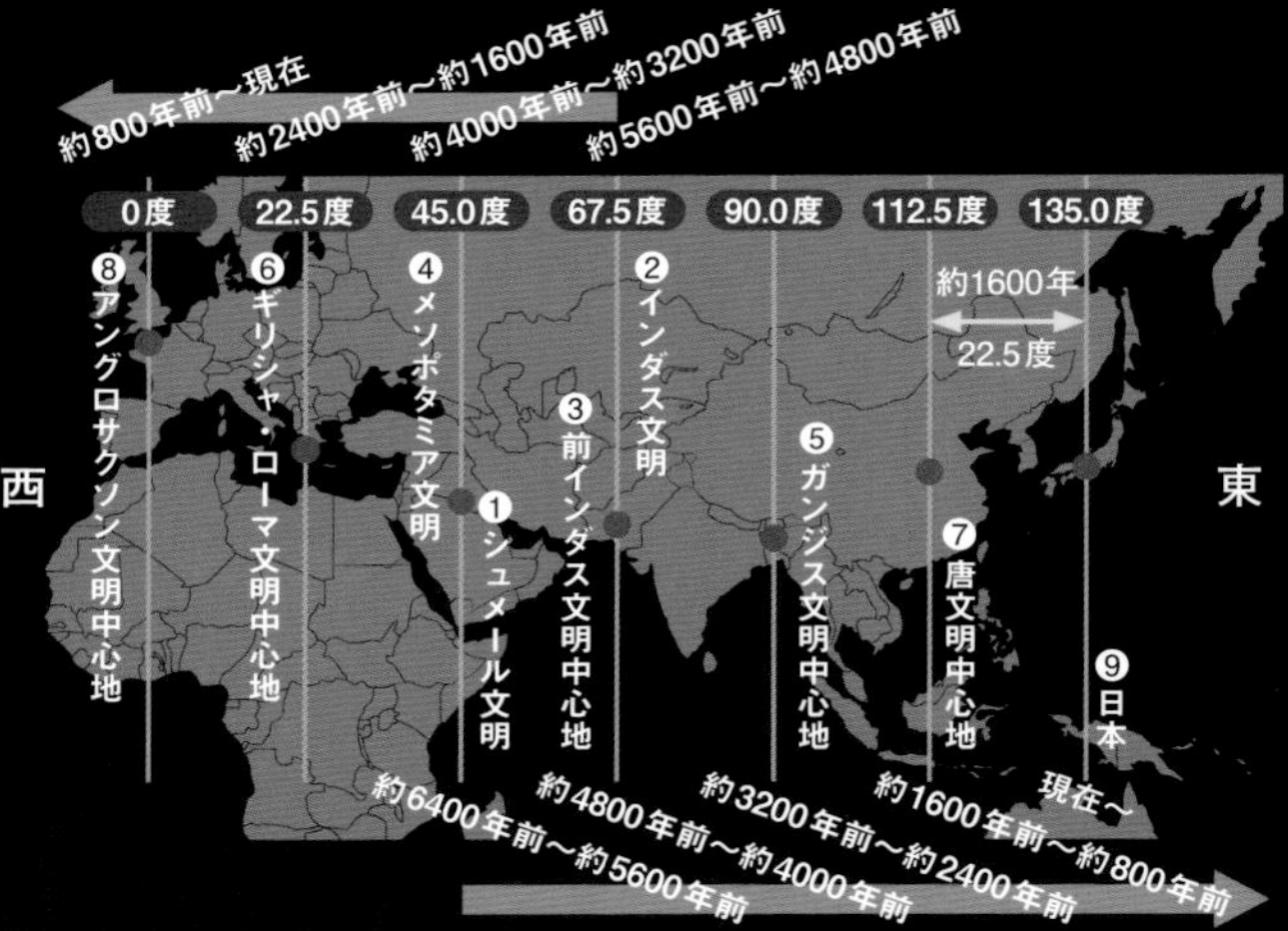

上図を見たら一目瞭然。6400年前のシュメール文明を皮切りに、約1611年ごと、西から東に22.5度移動したところ文明が栄えている。この東回りスピンと交互に、前インダス文明から22.5度ずつ西へ進む西回りスピンの文明が繁栄している。

6000年以上前から東西交互に文明が栄えている

「ガイアの法則」は、千賀一生氏が2010年に著書の中で発表した法則のこと。ガイアは宇宙のことなので、宇宙の法則という意味になります。

千賀氏は、イラク戦争直後の2003年、空爆の傷跡も生々しいイラクの首都、バグダッドに引き寄せられるようにして行ったそうなんです。

テレビでは観ることのできない現地の状況を目の当たりにして、これもまた導かれるように人類最初の文明、シュメールのエリドゥ遺跡を訪れます。そこで、彼は突然トランス状態に入り、目の前に現れたシュメール神官から宇宙の法則を授かるという神秘的な体験をしたというんです。

動画をチェック！

世界各地で文明が繁栄しては衰退していく、その栄枯盛衰はある法則にのっとっていて、その周期はあらかじめ決まっている。その法則こそが、千賀氏のいう「ガイアの法則」です。

西洋の文明は、**6400年前のシュメール文明から1611年ごとに、東西に22・5度ずつ移動したところで交互に文明が栄えていく**というんですね。ナオキマンどうした？　と思った人もいるでしょう。でもこれ歴史を振り返ると、ほぼ完璧に法則通り東西交互に文明が栄えているんです。

人類最古の文明といわれるシュメール文明、続いてインダス文明、ガンジス文明、中国の唐。いずれも22・5度の移動、1611年周期に当てはまります。西回りの方も前インダス文明からメソポタミア、ギリシア、そして大英帝国で全盛期を迎えるアングロサクソンと、ガイアの法則通りに傑出した文明が生まれています。

権力者と文明の関連性

ちなみに、西回りの文明は物質面での繁栄、東回りはより精神的な面で繁栄するとのこと。

現在スタンダードなのは、1200年頃から始まったアングロサクソン文明がつくったものです。英語、グリニッジ標準時、産業革命など例を挙げたらキリがありません。**権力者にはイギリスにルーツをもつ人が多く、フリーメイソン発祥の地**でもあります。

世界の金融を牛耳るといわれるロスチャイルド家でも、ロンドンにいたネイサンが格別な成功を収めています。数々の陰謀論に登場する彼らは、ガイアの法則を知っていたのでしょうか？　ガイアの法則は森羅万象に影響を与えるので、権力者がそれを利用したというより、法則に当てはまった人がその才能を発揮できた、と考えるのが自然なようです。

ヤバい

秘密

人間の魂を宇宙に最も共鳴させる

聖なるリズム、16ビート

人間のリズムも16ビートが基準

文明はたまたま繁栄したのか、本能的に引き寄せられたのか。いずれにしても文明の栄枯盛衰は、土地や地球自体の力が存在しているというこことかもしれません。自然界には法則というか、宇宙のバイオリズムが存在しているんです。

１６１１年ごと、そして経度22・5度。もちろん、この数字にも意味があります。地球の自転軸は公転軸に対して約23・4度傾いていて、地軸が指す方向は、２５７７６年の周期で一回りしています。これを歳差運動といいます。この数字を16で割ると１６１１になり、同じように円を表す３６０を16で割ると22・5。これがガイアの法則の根拠になっています。

じゃあ16って何なのでしょう？　これは、16ビートに由来しているといわれています。現在でも音楽の基本ビートとされる16ビートは、太古の時代から人類に親しまれてきました。

地球の１スピンは24時間、24時間の16分の１は90分。**人体は90分のサイクルでノンレム睡眠とレム睡眠を繰り返します。このリズムは宇宙のバイオリズムに人体が同調している証拠で、**16ビートは人類の魂を宇宙に共鳴させる、聖なるリズムだというんです。

次は日本の文明が繁栄する

こうなると気になるのは、アングロサクソンの次に栄える文明はどこなのかですよね？

次の繁栄は東回りなので、**唐から22・5度、東の地。東経135度は、なんと日本なんです。**ガイアの法則で具体的に言及されているのが、淡路島。淡路島といえば……そうです。神話でイザナミとイザナギが国生みで最初につくった島がある地域でもありますよね。

時期的には、1995年頃から始まっているそうなのですが、1995年は阪神・淡路大震災が起きた年。震源地はまさに淡路島北部でした。繁栄どころか……という感じですよね。ところが、こうした天災にも意味があるのだそうです。**144年に一度起きる太陽、水星、金星、地球が一直線に並ぶ惑星直列の半周期に一度、節目となる大きな出来事が起きるとされています。**1995年はこの節目の年で、この72年前には関東大震災が起きています。

文明繁栄にはプロセスがあって、その誤差は100年前後、東回りでは前半800年が活動期で、後半が停滞期とされています。宇宙の法則だけあって、スパンも壮大ですよね。現在はアジア全体が徐々に活気づく時代。**日本が力を発揮するのは2400年前後**だとされています。僕たちはもう死んじゃってますすね（笑）。

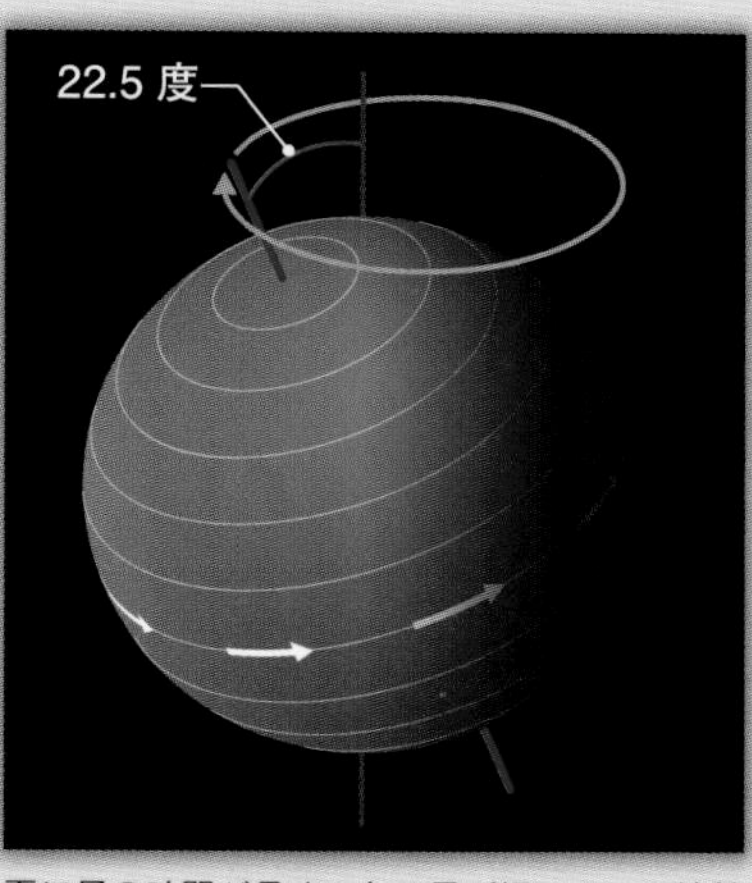

夏に昼の時間が長く、冬に昼が短いのは、地軸によって日照時間が変わるため。地球では歳差運動によって何度も気候変動が起きていて、それによって種の興亡が繰り返されてきたという見方もある。

ヤバい秘密

地球の意識

人間が地球に掃除される日が来る

地球を壊しまくった人間

もし、地球と生きとし生けるもの、すべてが一つの生命体だったしたら……。

イギリスの科学者、ジェームズ・ラブロックは、地球と地球に生きる生物を、すべて一つの生命体とみなす仮説、「ガイア理論」を唱えます。

この説の肝《きも》は**地球を生命体として捉えている**点です。１９６０年代の発表当初は批判的な声が多かったようですが、90年代になるとかなり認められるようになり、今ではかなり評価されている仮説の一つです。

地球上の生物は、自然環境やその他の生物と相互に関係し合って生きています。地球もまた、その環境を作り出す生命体の一つです。人間の体内に細胞や菌があるように、地球上にはさまざまな生物がいます。

ガイア理論では、菌やウィルスが侵入したら体内でさまざまな反応が起きるように、**地球にも免疫や自己防衛、自浄作用が働く**といいます。

今の地球は、長く地上を支配している人間によって、環境破壊が進んでいます。森林伐採、大気汚染、水質汚染、人口の爆発的増加、核戦争など自然と生命を破壊しまくった人間が、**地球からガン細胞扱いされ、自然災害や異常気象によって攻撃されている**のかもしれないのです。

地球の自浄作用

● 人間

病原菌を殺すために
熱を出したり、
有害物質を出すために
アレルギー反応を
起こしたりする

● 地球

自らの繁栄のため環境を破壊してきた人類。このまま進むと地球という生命体から不要とされる日も？　オーストラリアで起きている大規模森林火災などの自然災害は、地球の発する警鐘なのかもしれない。

2

17年の歳月をかけて書かれた予言書

日月神示《ひつきしんじ》

日月神示の原文は、漢数字や記号がほとんど。神自身が神示の中で語ったところによると、「高度の霊人となれば文字はない。ただ文字の元をなす「レ」と「○」と「+」があるのみ。～中略～ 数字は、他の文字に比して多くの密意を蔵している」とのこと。

神が憑依して生まれた文書

日月神示は日本の画家・岡本天明が1944年から17年かけて書いた予言、啓示の書とされています。**突然右手が痛み出し、自分でも理解できないような漢数字や記号を書いていた**……というので、「書かされた」といったほうが正確かもしれません。このように、自分の意志とは関係なく勝手に何かを書いてしまうのは、自動書記現象といい、古今東西で見られる現象です。

ここで岡本氏が書き記した文書を『日月神示』と呼ぶのですが、一見意味不明なこの文章、解読してみると、**日本書紀で〝最初の神**〟**とされるクニトコタチノミコト（国常立尊）**など、**高次元の神々が記させた**ものだとわかったそう。岡本氏は神道系宗教の大本《おおもと》教の信者で、大本教の開祖である出口なおも、クニトコタチの神示を自動書記で信者たちに伝えていたとされています。

動画をチェック！

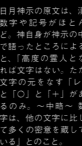

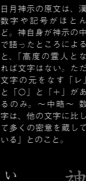

予言されていた

ノストラダムスの詩が日本で『ノストラダムスの大予言』となったように、予言書の解釈は人それぞれです。それでも、**日月神示が話題になっているのは、その予言の的中率と、これから起きることの内容**にあります。

日月神示が予言したと思われる出来事の一つが、第二次世界大戦で日本が敗戦したことです。

「日本が一度つぶれたようになり、神も仏もない世界が来る。東京も一時、土に帰るからそのつもりでおれ。」

江戸が火となるぞ。」「地震、雷、火の雨降らせて洗濯するぞ。～神界ではもう戦の見通しついてぞ。」など、1944年11月から断続的に行われ東京大空襲に対する記述も多く残されている。

ではこの先、日本にどんなことが起きるのか？

「悪の総大将は奥にかくれて御座るのぞ。一の大将と二の大将とが大喧嘩すると見せかけて、世界をワヤにする仕組、もう九分通り出来てゐるのぢゃ。」

一の大将はアメリカ、二の大将はロシア、その奥に悪が隠れていると読めます。日月神示には度々「イシヤ」という悪の組織が登場するのですが、イシヤ＝石屋。石工職人のギルドとしての顔を持つあの組織が浮かんできますよね。

また別のキーワードが「三千世界の大洗濯」と「大峠」。

「海の津波気をつけてくれ、前にも知らしてやるぞ。」という警告も発せられています。

日月神示に何度も出てくるこの言葉が、近年頻発している自然災害、さらなる天災を示唆しているのではないかというのです。

日月神示が記したこれからの日本

キーポイントは子年《ね》

日月神示が他の予言書と異なるのは、予言がいつ起こるか具体的に記されていることです。現代社会の終焉《しゅうえん》が書かれているとされる箇所も**「子の年、真中にして前後十年が正念場。」**と時期を特定するような記述があります。

子年は2008年、2020年、2032年。その後、**「八と十八と五月と九月と十月に気つけて呉れよ。」**と続きます。

このとき何が起きるのか？　日月神示には、いくつかの危険因子が語られています。一つは

「富士山は晴れたり日本晴れ、てんし様が富士から世界中に稜威される時近づいたぞ。富士は火の山、火の本の山で、汚してならん御山座から、臣民登れんやうになるぞ。」

これは、これまで幾度となく噴火を繰り返してきた富士山の噴火を表しているらしいです。

もう一つよく登場しているのが**「北からの脅威」**です。ロシアなのか、「北」を名乗る国のことなのか、いずれにしても外国の脅威に警鐘を鳴らしています。

最後はやっぱり天変地異クラスの自然災害。**「地震、雷、火の雨降らして大洗濯するぞ。よ**

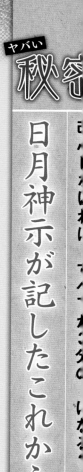

さらにこの災害からは**「神でも逃れることは、できんぞ。」**と記されています。怖いですけど、地震とそれに伴う二次災害説が濃厚ですかね。

日月神示には、過去にも6度の「世の建替」があったと書かれていて、7回目の今回は前回までと違って、神界、霊界、幽霊界など含めたすべての世界で起こる根本的な建替だとされています。

それだけに、人類がこれまで経験したことのない、とんでもない災厄、地球規模の大災害が、「子の年」にやってくるのではないかといわれているのです。

富士山は日本のシンボルにして、最大級の活火山。過去の噴火は、同じく環太平洋火山帯のハワイ・キラウエア火山と連動していて、2018年にキラウエアが噴火したいま、富士山大噴火も時間の問題とされている。

何もかもが三分の一になる

日本の敗戦を予言し、戦後、内側から弱体化させられる未来にも言及した日月神示は、日本人が現実から目を背け続けると、恐ろしいことが引き起こされると警告しています。

「天地が唸るぞ。上下ひっくり返るぞ。一日に十万人死ぬとき来たぞ。世界中のことだから気を大きく持ちていてくれよ。死んで生きる人と生きながら死んだ人とできるぞ。江戸が火となるぞ。三分の一の臣民になるぞ。」

何もかもが三分の一になってしまい「江戸は昔のようになってしまう」そうです。

これを避けるには、日本人がしっかり自分の足で立つこと。**「その時この神示、心棒に入れてくれよ、百人に一人位は何とか役に立つぞ、あとはコンニャクのお化けだぞ。」**

日本の未来は、私たち次第かもしれません。

ヤバい

秘密

ピラミッドの縦社会からお互いを認め合う社会へ

女性性の強さが未来をつくる

古代書から読み解く これからの日本

すでに紹介した『ホツマツタヱ』よりさらに古く、数十万年前の日本列島に「**カタカムナ**」という文明が栄えていたという説があります。物理学者・楢崎《ならさき》皐月《さつき》が1950年に発見した巻物には、カタカムナ文明の存在が描かれていました。内容や発見の状況から創作説が有力なものの、ホツマツタヱとカタカムナ、日本神話に共通点が多く見られるのも事実です。

超古代の日本に共通しているのが、アワとサヌキが重要な役割を果たしていた点です。アワは女性性のことで、サヌキは男性性を表します。

これまでの世の中は、攻撃的で独占的、支配的な性質をもつサヌキの時代でした。これは単に男性優位社会というだけでなく、人間の中にある女性性、男性性のバランスを表しています。

これからの時代は、アワとサヌキが高次元で調和する世界です。そのためには、**女性の社会進出はもちろん、すべての人の女性性が成長する必要があります。**

ガイアの法則、日月神示でも、日本が世界の中心になるためには、変化が重要だと示唆されています。そのためのヒントが、超古代文明のアワとサヌキにあるのかもしれないのです。

アワとサヌキの性質

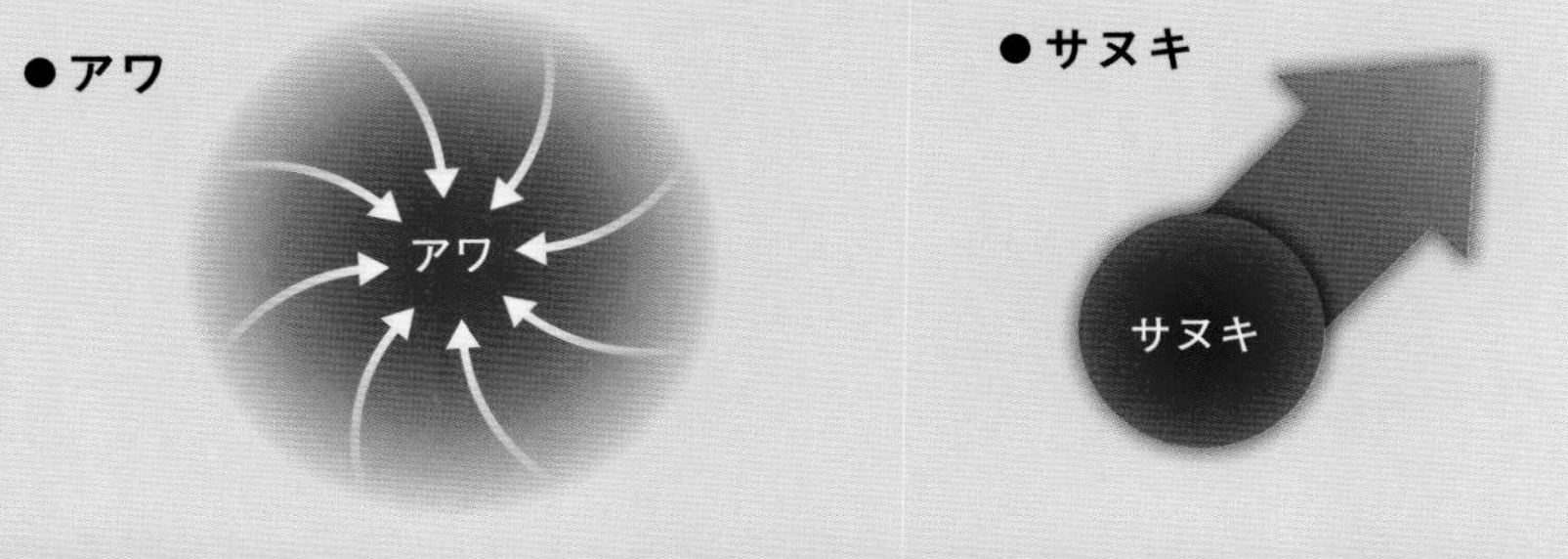

	アワ	サヌキ
低次元	自己中心的になり被害者面して悲劇のヒロインを演じる。	攻撃的、独占的、支配的な存在となる。
高次元	本来の自分を受け入れることができるようになる。人々に癒しを与え、すべてに調和をもたらす。	自分のもっている能力に気づく。力強さを武器に未来を切り開く。

アワの力は内側に向かい、サヌキの力は外に向かう性質がある。双方が低次元にいると、上表のようにアワとサヌキの悪い面が際立ち、高次元にあれば調和が生まれ、双方がさらに成長できる。人間は男女ともに両方の性質をもっている。女性性が強い女性、男性性が強い女性、男性性が強い男性、女性性が強い男性。こちらも、男らしさ、女らしさではなく、双方の調和が重要な時代になってきた。

現在の日本と理想の日本

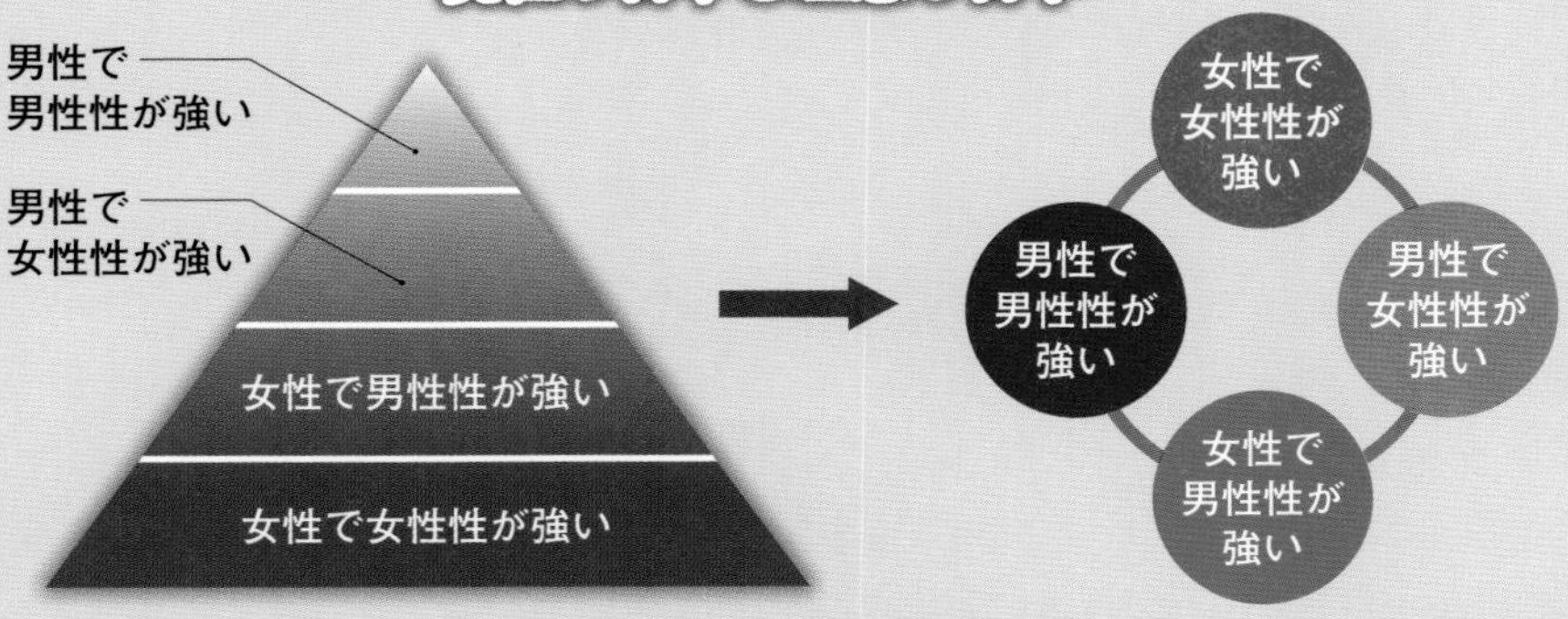

現在の世界は、ピラミッド型の縦社会的な側面が強い。男性優位社会、攻撃的な性質が争いを生み、行き過ぎた資本主義が弱肉強食の世界をつくり出している。人類がこの先さらに繁栄するためには誰もがお互いを認め合う調和の世界が求められている。その世界をつくるヒントが、日本人のＤＮＡに刻まれた根源的な概念なのだ。ホツマツタヱの『アワのうた』が活力を生むのは偶然ではない？

Chapter 5

まとめ

みんなのDNAには世界を救う力が刻まれているのかもしれません

あなたに起きることすべて、この世界で起きることすべてが、ある法則に基づいて、あらかじめ決められていたとしたらどうでしょう？

千賀一生氏が唱える『ガイアの法則』は、地球の文明の繁栄に関する法則を明らかにしています。この法則は千賀氏がシュメールの神官から伝えられたことで、過去の歴史の偶然を選んでピックアップしたわけでも、無理矢理当てはめたわけでもないといいます。私たち日本人にとって興味深いのは、**約８００年前に始まったアングロサクソン文明に続いて繁栄するのが、東経１３５度、日本を中心とする地域だということ。**日本の時代が来るんです。

そして、日本最強の予言書『日月神示』。のちの解読によると第二次世界大戦の敗戦、復興と経済発展、バブル崩壊なども的中させているといわれています。もっとも大きな予言が、**人類の終末を思わせる天変地異、大災害への警告**です。これまで6度「建替」を経験しているこの世を変える大きな

災厄が人類を襲い、ついに神界、霊界、幽霊界を含めたパラダイムシフトを迎えるというものです。

東日本大震災を経験した日本一帯は、地震活動期に入ったといわれています。南海トラフ大地震や首都直下大地震など高確率で今後数十年の間に大きな地震が起きるようです。これらは富士山大噴火、福島の原発事故のような二次災害などを誘発する可能性もあり、日本人がかつて経験したことのないような大災害が起きる心配はつきません。

世界規模で見ても、気候変動にともなうさまざまな影響がすでに人類にダメージを与えています。オーストラリアの大規模な森林火災は、温暖化による空気や植物の乾燥で燃え広がり、まさに天をも焦がす規模で燃え続け、その煙はチリなどの南米大陸にも影響を及ぼしたそうです。

こうした変化は人類が好き勝手に環境を破壊しまくった結果ともいえますが、**地殻変動や気候変動も母なる地球「ガイア」の意志**だとする説もあります。たしかに人間にとっては深刻ですけど、地球にとっては自分を汚す害虫ともいえる人間が一掃されたところで、少しも困りません。

こうした大きな変動を乗り越え、**人類が生き残っていくための鍵を握るのが、次なる文明発展の地・日本にある**とさまざまな予言が示唆しています。日本が世界を救うためには戦後の新しい価値観だけでなく、日本人が本来持っていた価値観、たとえば女性の性質を生かした調和の精神、物質より精神性を重要視する文化を高めていくことが重要です。この世界を未曾有《みぞう》の危機から救うのは、みんなのDNAに刻まれた眠れる古代日本人の精神性なのかもしれません。

い日本の未来
人類を一瞬で超す
AIが支配する未来
AIと人間の境目が
なくなる?

Chapter★6

AI化とヤバ

10年後に
あなたの職業がなくなる!?

社会に貢献する人が生き残る未来……

信用が人生に
反映される!

Topic 1

AIは人類最後の発明

人間の歴史を一瞬で追い抜く存在

動画をチェック！

人類の進歩を超していくAI

最近、いろいろなところで耳にするようになったAI（Artificial Intelligence：人工知能）ですが、この**AIこそ、人類の最大にして最後の発明**になるという予想があります。

そもそも、人類の進歩はめちゃくちゃ遅いんですね。猿人の登場が700万年前、原人と呼ばれるホモエレクタスが180万年前、現生人類がアフリカを出た時期がおよそ10万年前といわれていますから、人類は本当にゆっくり時間をかけて進化してきたわけです。

それに比べて、人類が知恵という武器を手にしてからのテクノロジーの進歩は目覚ましいものがあり、特に18世紀半ばから19世紀にかけて起こった産業革命以降は、急カーブを描いて成長しているといわれているんです。

現代に生きる私たちは、**コンピューターやインターネットの発達による第3次産業革命から第4次産業革命へと移行している最中**だといわれていますが、AIの登場によって、テクノロジーの進化はかつてないほどの急成長を遂げることになります。

銀河系を支配する"神"の誕生

近い将来、人類はＡＩによる機械の自律化という転換期を迎えるといわれています。

ＡＩにはいくつかの段階があります。

一つ目が「弱いＡＩ」の別名で呼ばれるＡＮＩ（Artificial Narrow Intelligence）です。**ＡＮＩは、あらかじめ決められたルールの中で答えを出す**、チェスや囲碁、将棋などルールとパターンがある状況下で力を発揮します。ｉＰｈｏｎｅに搭載されているＡＩ、Ｓｉｒｉもここに属します。

AGI、ASIの登場で、テクノロジーは爆発的な発展を遂げる。オックスフォード大学教授のニック・ボストロムなど、「スーパーインテリジェンス化したＡＩこそ、人類がぶち当たる最大の難関」とする説は多い。

次に、ＡＧＩ（Artificial General Intelligence）。別名、「強いＡＩ」です。知能は人間と同等。現代の技術ではまだ達していませんが、**ＡＧＩが当たり前になると、ＡＩは人間の機能を代替するだけでなく、補完する存在に**なります。人間の脳とコンピューターを直接繋ぐＳＦの世界は、もうすぐそこまで来ているそうです。

ＡＩが人類最後の発明になるかもしれない理由が、ＡＳＩ（Artificial Super Intelligence）。ＡＧＩのもう一つ上の段階です。**超知能と呼ばれるＡＳＩは、人工知能同士の言語を生み出し、自律化を始め、人間が必要ない世界を創造する**といわれています。もはや神ですよね。世の中のすべての問題が解決できるのはもちろん、銀河系の支配だって可能かもしれません。ただし、そのときにＡＩと人類の関係がどうなっているのか？　ＡＩに取って代わられて、人間絶滅！　なんてこともあり得ますよね。

ヤバい

秘密

あなたの仕事が「機械の仕事」になるかもしれない

なくなる職業と生まれる職業

今ある職業の半数が取って代わられる!?

「今ある仕事の90％はＡＩに置き換えられる」

２０１４年、オックスフォード大学が衝撃の論文を発表しました。研究結果の中には**「今後、10年～20年でアメリカの総雇用者の47％の仕事が自動化される可能性がある」**とあって、遠い未来の話ではないことに世界中の人たちが衝撃を受けたのです。

この動きはかなり進んでいて、２０１８年にはシアトルに、レジに人がいない無人コンビニ「Ａｍａｚｏｎ《アマゾン》 ＧＯ《ゴー》」がオープンしています。

僕も体験してきたんですけど、商品を手に取ってそのまま店を出て行けるので、万引きをしたような気分で落ち着きませんでした（笑）。

自動運転にも使われるモニタリング、センサー技術や機械学習で、スマホがあればレジは必要ない技術が、すでに実現しています。

「アメリカの話でしょ？」と思った人もいるかもしれませんが、日本はもっとヤバいんです。

同大学との共同研究で野村総合研究所が発表した**日本版のデータで、「日本の総雇用者数の49％」とその割合が上がっています。極端にいえば、あと10年で２人に１人がＡＩに仕事を奪われるということになります。**

10年後になくなる可能性のある職業

1位	電車運転士	99.8%	16位	マンション管理人	98.9%
1位	経理事務員	99.8%	17位	通関士	98.8%
3位	包装作業員	99.7%	18位	ホテル客室係	98.7%
3位	路線バス運転手	99.7%	19位	自動車組立工	98.3%
5位	塵芥収集作業員	99.6%	20位	警備員	97.8%
6位	郵便外務員	99.5%	21位	測量士	97.3%
6位	学校事務員	99.5%	22位	タクシー運転手	95.4%
6位	ビル清掃員	99.5%	23位	刑務官	94.7%
9位	銀行窓口係	99.4%	24位	秘書	94.5%
9位	計器組立工	99.4%	25位	航空管制官	94.3%
9位	金属製品検査工	99.4%	26位	プログラマー	94.2%
12位	給食調理人	99.3%	27位	税務職員	94.0%
13位	スーパー店員	99.2%	28位	行政書士	93.1%
13位	弁当・総菜類造工	99.2%	29位	税理士	92.5%
15位	新聞配達員	99.1%	30位	航空自衛官	92.3%

出典：野村総合研究所のデータをもとに編集部が作成

単純作業はどんどん機械にまかせるという時代はすでに来ている。ロボットが作業の効率化、加速化を促し、生産性は劇的に向上、人類はよりクリエイティブワークに専念できるというメリットもある。

AIの発達はみんなの価値観を変えてしまうかもしれません。車の運転が自動化されれば、むしろ人間の運転が危ないという常識ができあがります。その代わり、移動中の時間をどう過ごすかに新たな需要が生まれます。AIによって現在ある仕事がなくなっても、新しい仕事が生まれる可能性があるのです。YouTuberだって10年前にはなかった仕事ですよね。

信用スコア

「信用」が重視される未来

ＡＩの発達は、私たちの仕事だけでなく、生活や生き方にまでも大きな変化をもたらします。中国では、すでに**膨大な情報をもとに、国民一人ひとりの信用度をスコア化する社会信用システム（Social Credit）**が稼働し始めています。

通常の信用スコアといえば、クレジットカードやローン申請の判断に使われるものを指し、私たちも日常的に触れています。しかし、中国の社会信用システムは、その人の**信用スコアによって社会生活の範囲が広がったり、限定されたりする**というのです。

監視カメラによる行動の分析、経済活動やインターネット上の振る舞い、友人関係に至るまで、テクノロジーで丸裸にして行動予測を行い、トラブルを未然に防いでいるそうです。

最近では、有名人の不倫や薬物、不祥事の報道が多くなっていますが、一般人も清廉潔白でないと不利益を被り、社会に貢献する人しか生き残れない時代が来るかもしれません。

成功者の基準が変わる

中国政府が２０１４年に社会信用システムの推進を宣言してから、中国企業も信用スコアの導入に積極的に取り組むようになりました。

Ａｌｉｂａｂａ《アリババ》が展開する「芝麻《ジーマ》信用」は、ショッピングのときの支払い能力だけでなく、**人脈や素行についても考慮されている**といい、芝麻《ジーマ》信用のスコアによって結婚相手を吟味するという使われ方も出てきているそうです。

「1日に10時間もスマホゲームをしていれば怠惰な人間とみなされるし、紙おむつを頻繁に買っていればよい親だと思われる。前者は後者より低いスコアしか得られないかもしれない」

これは芝麻信用の技術者の信用スコアについての発言とされています。Ａｍａｚｏｎでウソのレビューを書いたり、ＳＮＳ弁慶だったり、バイトテロをした過去があったりすると、就職できないなんて不都合も起きる可能性があります。みなさんは、すべてが可視化される時代を堂々と生きることができるでしょうか？

中国で進行する社会信用システムを行き過ぎた監視社会、個人を管理する「ディストピア」だと批判する声もあります。しかし同様の変化は世界中で起きていて、必ずしもネガティブなことばかりではありません。

Ｕｂｅｒ《ウーバー》では、ユーザーの評価でドライバーのランクが決まります。Ａｉｒｂｎｂ《エアビーアンドビー》も、家事代行サービスも、「充実した社員教育」の代わりに、**信用度が低ければ賃金や仕事を失う**という概念を導入しているのです。ＹｏｕＴｕｂｅも、ある種の信用スコアで成り立っているようなところがありますよね。

信用スコアではいい行いをすれば、自分のスコアに反映されるのです。「正直者がバカを見る」世の中より、よほどいいと思いませんか？

ヤバい秘密

脳内にチップを埋め込まれた人間

人間と機械の違いが分からなくなる日も遠くない!?

考えていることが脳内サーバーに読み込まれる

人類の身体と認知能力を拡張するトランスヒューマニズムは、AIがAGIに到達すると起きる必然的な変化だとされています。都市伝説界でも、もうお馴染みですよね。

未来の技術といわれていた電気自動車の普及に大きく貢献した、テスラの創業者、イーロン・マスク。彼が次に目指すのは、**思考するだけで操作できて、脳に直接情報を取り込めるシステム**の開発でした。すでに、新たに設立したスタートアップ企業、ニューラリンクで、脳埋め込みインターフェイス、BMI（Brain Machine Interface）の開発を、発表しています。

現在は、脊髄損傷などの麻痺を抱える人たちが電子デバイスを操作するための開発をしていますが、長期的には**脳とコンピューターを接続し、双方向通信リンクを確立する技術**を目指しています。「電脳」が登場するというわけですね。

こうした技術が発達していくと、ゆくゆくは人間の脳とAIの違いがわからなくなる日がやってきそうです。人間のからだは機械化し、AIによって自律化した機械が意志をもつようになる未来……。そのとき人類は、どんな進化を遂げるのでしょう。

トランスヒューマニズムができること

ニューロリンクの開発は、すでにサルの脳波でコンピューターの操作に成功、実用化は間近だ。イーロン・マスクはこの技術を「レーシック手術なみの手軽さで生活に浸透させる」としている。スマホの登場により記憶力が検索力で補強されたように、脳へのチップ埋め込み、電脳化がトランスヒューマニズムを促進させ、新たな人類の価値を生む可能性もある。

映画でも小説でも、意志をもったＡＩが人類に戦争を仕掛けるストーリーをよく目にします。人類とＡＩを対立構造で語る人も多いのですが、共存、調和で考えた方が未来は明るい気がします。人類とＡＩの共存社会では、お金に大した価値はなくて、信用度が基準。生活はある程度保証され、みんなが個性や能力を活かして本当にやりたいことをする社会が来る。そうなったら最高じゃないですか？

Chapter 6

まとめ

みんなの本当の能力は AIによって引き出されるかもしれません

ここ数年「ＡＩ脅威論」が語られるようになりました。日本では、**10～20年で総雇用者の49％の仕事がＡＩに置き換わる**とされています。ＡＩの進化は人類の能力やあり方を超えたもので、今後技術はかつてないほどの急スピードで進化していきます。脳の機能とＡＩが繋がったり、人体の一部が機械化するようなトランスヒューマニズム的な変革がもたらされ、信用スコアを基準に人間がＡＩに審査される時代が来ます。ＡＩが全知全能の神となった時代に、私たち人類は生き残れるのか？　という不安もわかりますが、ＡＩと調和していく道も残されています。

当面の不安である仕事の問題は、単純作業や反復作業など、ＡＩが得意なことは任せ、**人間しかできないことや、本来自分がやりたかったことができる**というメリットもあります。

ＡＩが発展させた技術を、みんなが本来持っている個性、能力として活かすことができたとしたら、面白い世の中になると思いませんか？

ナオキマンのヤバい秘密

【特別動画】

前作では『ヤバい世界の秘密』、今作では『ヤバい日本の秘密
介してきましたが、今回は特別映像として、『ナオキマンのヤバい
に迫ります。

僕、ナオキマンのルーツや過去のこと……。「きゃー！　ナオキ
そんなことまで話しちゃうの !?」なんてことまで（笑）。

これまでに話したことのない“僕の都市伝説”をかな～り赤裸
したので、ぜひ QR コードを読み込んでご視聴ください。

この内容が真実かどうかは、みなさんの判断におまかせします。

さて、ここまで**日本のルーツやシステム**を紹介してきましたが、みなさんはどう感じたでしょうか？

僕は**「日本ってやっぱりすげーな」**と再確認しました。世界最古の国として認定される歴史をもち、いかに日本人が、伝統を重んじて真面目な性格なのかがわかるかと思います。

しかし、戦後世界の影響を受け、少しずつアイデンティティや自信、生きる意味を失っている人が多い気がします。

その結果、日本の自殺率は先進国の中で高い方に位置しています。最近では若者の自殺が増加傾向にあります。自分に価値がないと感じる方が多いそうです。そんなことは絶対になくて、生まれてくる時点で意味があり、価値があるんです。そしてまた自分が無力だと感じるのも、力があるからこそ感じることとなんです。

しかし日本では、家族・学校・会社など**「内」**の繋がり

日本をどう生きる？

を重んじる文化が強いぶん、そのように感じて悩む若者が多いのかもしれません。学校でも仕事でも「内」だけを見ていると、"外からの考え"ができなくなってしまいます。箱の中のルールでしか考えることができなくなり、苦しくなる。そんなときはどんなに苦しくてどうしようもないとしても、1歩引いて、箱の外に出て、物事を考えてみる。そうすると新しい選択肢が見えて、道が開けると思います。

これからは「内」ではなく「個」の力が重視され、信用で成り立つ社会がやってきます。一人ひとりが自由に自分らしく過ごすことができる社会です。そこで重要なのが、**これからの時代を担うといわれている日本の在り方**です。

もちろん都市伝説なのですべて真実だとはいいませんが、これからの日本を生きていくみなさんに2つの質問を投げかけながら、**このヤバい日本をどう生きるのか**を一緒に考えていきたいと思います。

Epilogue ヤバい

Question 1

自分の意志で生きていますか？

アメリカにいた頃、日本への憧れがマックスだった僕は、日本に引っ越してから2～3年が経ったある日、突然日本が「おもちゃの世界」のように見える瞬間がありました。楽しい、おいしい、安全、安心、サービスいい、お金がかからないとウハウハいっていたはずなのに、突然その裏にあるものが気になるようになったのです。

すでにAI時代が到来したのかと錯覚するほど、マニュアル通りに接客をし、〝無表情な笑顔〟を振りまく店員さん、死んだような目をして満員電車に詰め込まれるサラリーマン、みんな同じような服に身を包んで、同じような音楽を聴いて、流行のスポット、お店に行列をつくる。同じような考えで、目指すところも同じ……。このまま大学生活の終盤には、イベント会場のような巨大な会場で合同説明会、面接を受け、自分の仕事を決めていくのかと思うと、本当の意味で自分の人生を生きている人はどれぐらいいるのかと不安でたまらなくなりました。

自分の意志を押し殺し、そのうちに自分の意志が何だったかもわからなくなり、箱から箱へと移動し、また箱へと帰っていく……。日本社会が、おもちゃ箱、おもちゃの世界に見えたのはそんな理由からでした。

来たるグローバル社会、ＡＩ時代では、世界中の人が大きな変化を経験します。この本で紹介した事例は、今は他人ごとでも、いずれは必ず日本にも、みんなにも起きることです。中国で導入が進む信用スコアが今すぐ日本に適用されるとしたら、みなさんはその評価基準に適応できるでしょうか？

匿名をいいことにネットで誹謗《ひぼう》中傷したことはないか、バレなければいいとちょっとした法令違反をしていないか、恋人がいるのに浮気、既婚者は不倫していないか……。すでに気づいている人も多いと思いますが、これからの時代は、社会が提供するシステムに沿って生きるのではなく、自らが自分の能力に気づき、それを磨いていく必要性に迫られます。

ＡＩ時代は、クリエイティブな職業以外は淘汰されていくと予想されています。だからといって、みんなアーティストになれといっているわけではありません。**ＡＩが得意なことはＡＩに任せて、みなさんが本来やりたかったこと、心からやりたいことに取り組むことができるようになります。**

何も考えずに生きたい人にとっては苦痛かもしれませんが、ＡＩ時代はむしろ、人類にとっていい時代、豊かな時代になるのかもしれません。いまだ解明されていない宇宙、歴史の謎に挑み、社会の問題解決に取り組む。ＡＩの登場と社会の変革によって、人類は本来しなければいけなかった仕事にようやく取り組めるようになるのかもしれません。

自分の力に気づく前に狭い箱の中に入れられていたら、その箱の中でしか力を発揮できません。AIはみんなを窮屈な箱から出して、能力を開放してくれる鍵なのかもしれません。

Question 2

日本のよさを理解していますか？

強いAIであるAGIや、超知能ASIの登場で、人類の技術レベルは爆発的な進化を遂げることが予想されています。歴史上類を見ないこの大変革によってどんなことが起きるのかは、正直誰にもわかりません。

起きてほしくはありませんが、日月神示やガイアの法則でも予言されているように、次の時代に移行するタイミングですべてがリセットされるような重大な出来事、天変地異や激甚災害が起きるかもしれません。どんなことが起きるにしても、**これまでの物質中心社会が終わりを告げ、精神を豊かにすることを目指す文明が優位になる**ことは、数々の予言や、人類の歴史の歩みが指し示しています。

新たな時代に必要とされるものをすべて体現しているのが、本来の日本がもっていて、現在も確実に受け継がれている精神性です。

アンドロメダ星人と交信できる宇宙人コンタクティとして知られるアレックス・コリアーによれば、高次元の存在であるアンドロメダ星人が最初に接触し、対話するのは日本人で、アンドロメダ星人は日本人の慎重さ、正直さ、献身的な性質を評価しているというのです。アンドロメダ星人の言葉やガイアの法則にあるように、次世代に繁栄するのが日本発祥の文明かどうかはわかりません。しかし、

日本人のＤＮＡに刻まれた思いやりや精神性の高さは世界のお手本になるはずです。

そのためには、従来とは違う教育や思想を植えつけられたあとの日本ではなく、もっと根底にあるものを大切にしなければいけません。日本人のルーツを掘ると、神話の時代から、さまざまな民族やさまざまな文化を受け入れ、そのよさを吸収することで発展していたことがわかります。誇るべきは**日本人の単一性ではなく、多様性を活かしながら、現存する最古の国としての歴史を紡いできた点です。**

第二次世界大戦後の日本は、３Ｓ政策によって娯楽に心を奪われ、欧米の文化や価値観に翻弄されてきました。経済の面では、神話における国造りの神・イザナギの名を冠したイザナギ景気などで、かつてないほどの発展を遂げる一方、精神性の面では長い混乱状態にありました。

豊かさの基準が変わり、ＡＩの登場によって、生産性の向上に人間の能力を割かなくてもよくなる時代が来た今、日本の真価がついに発揮される時代がやってきました。

イザナギとイザナミ、日本神話の男女一対の創造神から生まれた日本列島とそこに住む人々は、２０００年以上の歴史の中で、目には見えない……現代的にいえばスピリチュアル的なものを大切にしながら生きてきました。私たちも日本人として、すべてのものに神が宿るという慈しみの心をもち、そして愛を中心に生きていきましょう。

世界中で一番日本のことを知らない日本人。これってすごくもったいないことなんですよね。日本のルーツ、歴史を学べば、日本人のよさ、歩むべき道が見えてくるはずです。

【著者紹介】

Naokiman Show

都市伝説系YouTuber。世界のミステリー事件、陰謀論、スピリチュアルなど、解き明かされていない謎をテーマに動画を配信中。2017年7月に動画配信を始め、現在チャンネル登録者数は100万人以上。

YouTubeチャンネルURL：

https://www.youtube.com/channel/UC4IN5sizuJraSHqy99xTy6Q

【STAFF】

編集協力　株式会社ナイスク http://naisg.com
　　　　　松尾里央　高作真紀　鈴木里菜
構成　大塚一樹
カバーイラスト　赤尾真代
本文イラスト　上田よう
　　　　　　　株式会社グランドデザイン（P.64、P.68）
カバー装丁　はんぺんデザイン
本文デザイン・DTP　清水洋子
撮影　天野憲仁（日本文芸社）
校正　玄冬書林
写真協力　宮内庁書陵部　国立公文書館　高知県立坂本龍馬記念館　浦嶋神社　神宮徴古館　石川県立美術館　シカゴ美術館　メトロポリタン美術館　アマナイメージズ　PIXTA（ピクスタ）　Shutterstock　getty images　iStock

ナオキマンのヤバい日本《にほん》の秘密《ひみつ》

2020年4月1日　第1刷発行
2021年6月10日　第3刷発行

著　者　Naokiman Show
発行者　吉田芳史
印刷所　株式会社光邦
製本所　株式会社光邦
発行所　株式会社日本文芸社
　〒135-0001　江東区毛利2-10-18　OCMビル
　TEL. 03-5638-1660［代表］
　内容に関するお問い合わせは、小社ウェブサイト
　お問い合わせフォームまでお願いいたします。
　URL https://www.nihonbungeisha.co.jp/

Printed in Japan 112200324-112210525Ⓝ03　(130002)
ISBN978-4-537-21775-9
（編集担当：上原）

※本書で紹介する内容は、日本の謎、都市伝説に対して語られている一説を紹介するものです。
事実を決定付けるものではなく、内容は諸説ございますので、予めご了承下さい。